Aidan

ERRORES GRAVES

QUE COMETEN LAS PAREJAS

Ethan

Dr. David Hawkins

PORTAVOZ

La misión de *Editorial Portavoz* consiste en proporcionar productos de calidad —con integridad y excelencia—, desde una perspectiva bíblica y confiable, que animen a las personas a conocer y servir a Jesucristo.

Título del original: *Nine Critical Mistakes Most Couples Make* © 2005 por David Hawkins y publicado por Harvest House Publishers, Eugene, Oregon 97402. Traducido con permiso.

Edición en castellano: *9 errores graves que cometen las parejas* © 2010 por Editorial Portavoz, filial de Kregel Publications, Grand Rapids, Michigan 49501. Todos los derechos reservados.

Los nombres de las personas y algunos detalles de sus historias relatadas en este libro han sido cambiados por el autor para proteger su privacidad.

Traducción: Mercedes De la Rosa-Sherman

EDITORIAL PORTAVOZ
P.O. Box 2607
Grand Rapids, Michigan 49501 USA
Visítenos en: www.portavoz.com

ISBN 978-0-8254-1294-3

1 2 3 4 5 / 14 13 12 11 10

Impreso en los Estados Unidos de América
Printed in the United States of America

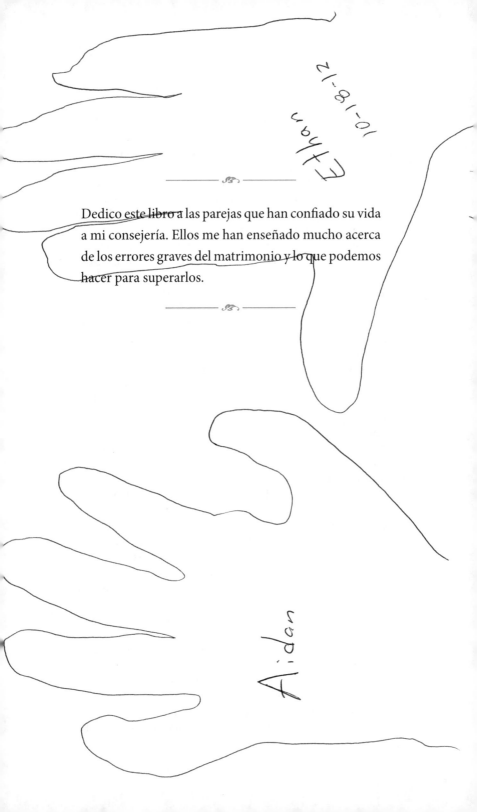

———— ❧ ————

Dedico este libro a las parejas que han confiado su vida a mi consejería. Ellos me han enseñado mucho acerca de los errores graves del matrimonio y lo que podemos hacer para superarlos.

———— ❧ ————

Reconocimientos

Escribir es principalmente un ejercicio solitario, aun cuando los imagino a ustedes, mi auditorio silencioso. Gracias a Dios, me rodea una serie de personas que me apoyan, me ayudan a mitigar el aislamiento y me ofrecen guía en mi trabajo. La combinación de su pericia con su pasión aporta mayor profundidad y calidad a lo que escribo. Su crítica constructiva sirve para mejorar lo que he escrito, aunque en última instancia, yo sea el responsable del manuscrito final. Hay varias personas a las que deseo agradecer por su ayuda con este libro.

En primer lugar, me siento privilegiado por poder trabajar con el maravilloso personal de Harvest House Publishers. No me imagino que pueda recibir un apoyo más sólido del que recibo de ese selecto grupo de personas. Gracias a todos los que trabajan tras bastidores para llevar este libro al lector.

Agradezco a mi amigo especial y colega Terry Glaspey su constante dirección y guía profesional, y por haber creído en el valor de este libro. Terry creía que era un tema necesario y me animó a escribirlo. Gracias de nuevo, Terry.

Gene Skinner, una vez más, me sirvió como contacto para agregar solidez y claridad al manuscrito. Entre uno y otro consejito cauteloso, siempre permitiéndome expresarme, su ingenio y humor contribuyeron a forjar una relación muy agradable. Gracias, Gene.

No puedo dejar pasar la oportunidad una vez más de dar las gracias a mis padres, Henry y Rose Hawkins, los cuales sonríen cuando ven mis libros. Ellos, junto con mis hermanos y sus cónyuges, me animan a escribir. A pesar de que mis hermanos desean que yo escriba un libro de suspenso que llegue a ser un éxito de librería, creo que están aceptando que debo escribir sobre lo que conozco: las relaciones interpersonales.

Tengo el maravilloso beneficio de tener dos personas más a quienes he mencionado en otros libros. ¡Qué gozo es que sigan siendo mi apoyo principal! Jim, un escritor experimentado, me ofrece su ojo vigilante y sus años de experiencia al trabajar de cerca conmigo para fortalecer el manuscrito. Cada vez le agradezco más su ayuda con sus ideas y los comentarios críticos que me son tan útiles.

Y una vez más, estoy profundamente endeudado con Christie y eternamente agradecido por apoyarme en mis escritos. Ella cree no solo en este tema y en la importancia de llevarlo al lector, sino también en mis habilidades y mi pasión por hablar de ello. Cuando me siento desalentado, ella me anima con gentileza para que siga adelante. Detecta muchos de los errores y las faltas que se repiten cuando escribo y que parece que no puedo recordar. Gracias, Christie, por creer en mí y en mi trabajo. Por último, nunca doy por sentado los dones y la oportunidad que el Señor me ha dado. Es mi oración que yo sepa ser un mayordomo fiel de ellos.

Contenido

Aprendamos de nuestros errores

Cuanto mayor es la dificultad, mayor es la gloria.

CICERÓN

El transporte en la telesilla hasta la cima de la montaña dejó mi cuerpo entumecido. Me ceñí bien la bufanda alrededor de la cabeza y el cuello para protegerme del viento del Sudeste que se me colaba por la gorra tejida. Me acerqué las rodillas al cuerpo y me abracé a mí mismo en un esfuerzo inútil por calentarme un poco. Todos en la telesilla estaban callados, conservando energía. A excepción del suave silbido del viento entre los árboles, el paisaje era silencioso.

Mientras la telesilla nos transportaba a mi amigo Tad y a mí hacia nuestro destino, una plataforma desgarbada de pinos sobre una colina baldía captó mi atención. Retorcidos pero fuertes, cargados de hielo y nieve, los coníferos nudosos parecían estar muertos a primera vista. Sin embargo, al mirarlos más de cerca, vi brotes de hojas verdes.

Me volví a Tad, quien es biólogo profesional, y le pregunté cómo era posible que creciera algo en un suelo rocoso a tres mil metros de altura por encima del nivel del mar, rodeado de vientos que soplaban a cincuenta kilómetros por hora y con el peso de la nieve y el hielo durante seis meses al año.

—Mira más de cerca, David —dijo—. ¿Qué ves?

—Veo árboles que se podrían beneficiar de un poco de agua, luz solar y una buena atención. Están doblados y quebrados. Se ven fríos y tan congelados como me siento yo.

—Mira más de cerca.

Inspeccioné una vez más los árboles nudosos y rojizos. Tenían la corteza retorcida, y en algunos lugares se les estaba cayendo. Había varios árboles que literalmente estaban entrelazados, aferrados unos a otros para sobrevivir. No vi ni un solo árbol joven.

—Esos árboles se han fortalecido lo suficiente como para soportar el viento, la nieve y el hielo —dijo Tad—. Los árboles más débiles se han muerto. Los que quedan son toscos y fuertes. Tienen que serlo para soportar este clima. Pero están aquí para quedarse.

—Parece que la historia tuviera una moraleja —dije yo—. Si no te proteges del viento, te congelarás.

—Esa es una buena moraleja para nosotros hoy —dijo Tad—. Sin embargo, hay algo más que vale la pena notar. Fíjate cómo están agrupados los árboles. Sobreviven en parte porque no cometen el grave error de permanecer solos. Los árboles jóvenes aislados no sobreviven. Necesitan a los demás árboles para que los protejan del clima brutal.

Tad hizo una pausa por un momento y echó un vistazo al paisaje invernal.

—La adversidad te fortalece y te ayuda a aprender lo que necesitas hacer para sobrevivir e incluso prosperar.

El matrimonio es difícil

Mientras reflexionaba en esos escasos pero poderosos pinos que soportaban una altura de tres mil metros, pensé en las muchas parejas casadas con las que he trabajado durante los últimos veintiocho años. Algunas parecían prosperar después de una breve puesta a punto. Vinieron a verme por poco tiempo y se fueron sintiéndose renovadas y listas para disfrutar de su matrimonio otra vez. También he pasado incontables horas con parejas que tenían problemas, cavando hondo para encontrar nuevas habilidades y, a la larga, fortalecerse. Y lamentablemente, he trabajado con aquellos que han sucumbido a los vientos amargos del tormento doméstico y el suelo superficial de la inmadurez en las relaciones.

"La vida es difícil", escribió M. Scott Peck en su popular libro *The Road Less Traveled* [El camino menos transitado]. Pudo haber dicho "el matrimonio es difícil" y también hubiera estado en lo cierto. Después de todo, el matrimonio y las relaciones interpersonales componen gran parte de lo que llamamos *vida*. Cuando van bien, por lo general estamos bien. Cuando están agonizando en el caos, la vida se torna dolorosa y difícil.

Esta información no sorprende a nadie. Dios nos creó como seres que necesitan cultivar relaciones. Puesto que llevamos la imagen de un Dios de relaciones, anhelamos estar en sociedad con personas que nos aman, se preocupan por nosotros y nos comprenden. Solos, tal vez disfrutemos de la contemplación de la majestuosa cima de una montaña en las sombras de un sol poniente, pero atesoramos la experiencia todavía más cuando estamos con alguien que lo aprecia tanto como nosotros.

Entonces, ¿qué es lo que hace que el matrimonio sea difícil? ¿Por qué más de la mitad de los matrimonios termina en divorcio? ¿Y por qué ese número no es menor entre la población que asiste a la iglesia que entre la población en general? Consideremos una serie de factores.

Dios creó el matrimonio

Usted recordará que en Génesis, Dios dijo que todo lo que Él creó era bueno… excepto una cosa. Dijo que no era bueno que el hombre estuviera solo. Dios creó las estrellas y las galaxias. Creó toda clase de animales. Creó corrientes de agua cristalina y magníficos picos montañosos, y colocó al hombre en medio de aquel paraíso verde. Luego, desde el mismo costado que sugiere compañía, tomó hueso de sus huesos y carne de su carne. Dios hizo una ayuda idónea para el hombre con el fin de aliviar el dolor de su soledad y proporcionar una relación gratificante.

Cuando miramos los cielos y consideramos cómo toda la creación encaja como un rompecabezas gigante, percibimos una mano invisible detrás de ella. El diseño de Dios es milagroso. Sin embargo, una inspección más de cerca revela una importante declaración. Dios les dio al hombre y a la mujer libre albedrío. Adán y Eva, y por extensión, usted y yo, optamos por desobedecer a Dios. Gobernar un paraíso hecho a mano no fue suficiente para nosotros. No, queríamos más. Queríamos ser como Dios. Una de las consecuencias de esa decisión es que ya no vivimos en una armonía pacífica con la tierra ni con los demás. Después de haber sucumbido a nuestra naturaleza egoísta y pecaminosa, nuestro comportamiento crea desastres en nuestra sociedad y en nuestro matrimonio.

Si repasamos las circunstancias de la vida en el huerto, notamos que después que el hombre y la mujer optaron por desobedecer a Dios, hicieron una serie de cosas que todavía hacemos hoy. Esos comportamientos están en la raíz de muchos errores que se cometen en las relaciones y que vamos a considerar en este libro. Note los comportamientos de Adán y Eva en el huerto:

- Coquetearon con la tentación de llegar a ser como Dios.
- Desobedecieron a Dios.
- Se escondieron de Dios.
- Sintieron vergüenza y cohibición.
- Culparon a otra persona de sus problemas.
- Experimentaron problemas en las relaciones de su familia inmediata.

Esos comportamientos comenzaron en los albores de la humanidad y siguen hasta el día de hoy. Son los principales culpables de los problemas conyugales. Mientras lee este libro, verá que muchos problemas espinosos del matrimonio surgen a partir de esas raíces.

¿Qué es tan grave?

Entonces, ¿qué hace que un error se convierta en un *error grave?*

Cometemos errores todos los días, sobre todo en los matrimonios. Sin embargo, no todos los errores son *errores graves.* ¿Cuál es la diferencia? Lorenzo comete un error cuando olvida que su esposa ha tenido problemas con su jefe en el trabajo y necesita atención adicional por las noches. Comete un *error grave* cuando reiteradamente no aboga por su esposa cuando ella se siente tensa. Una y otra vez, lo encontramos absorto en sus propios problemas de negocios y ya no escucha a su esposa cuando ella le habla de sus cargas. Con el tiempo, ella no se siente apreciada y se cree desconectada de su pareja.

Tal vez un ejemplo de mi propio consultorio sirva como ilustración de lo que estoy diciendo. Jeremías trabaja muchas horas como ingeniero y se siente tenso gran parte del tiempo. Es una persona muy capaz en el trabajo y lleva esa actitud a casa por las noches. Tiene un lado irritable que su esposa Bárbara no agradece. Cuando riñen, las cosas se descontrolan rápidamente. Discutir de vez en cuando no es malo. Mostrarse irascible de vez en cuando no es un error. Pero cuando las pequeñeces se convierten constantemente en la Tercera Guerra Mundial, algo anda mal. Cuando la tensión doméstica se convierte en un estilo de vida, el problema es grave.

Los errores suceden, y los cónyuges necesitan tolerar las debilidades fortuitas de la pareja. Pero cuando los errores son habituales y ocurren en una de nueve áreas importantes que vamos a bosquejar en este libro, la pareja necesita ayuda. El matrimonio no va a durar mucho ni a alcanzar un alto nivel de calidad si existen uno o más de esos errores graves en la relación.

Las dificultades son predecibles

Los hombres y las mujeres se han peleado desde el principio de los tiempos. Puede estar seguro de que Adán y Eva no siempre tuvieron paz en el hogar, al menos, no después del incidente de la manzana. ¿Se imagina esta escena?

> —Oye, Adán. ¿Te importaría ayudarme a podar estos árboles?
> —Sí, te ayudaré dentro de un rato. Ahora mismo quiero ir a cazar.
> —¿Eso no puede esperar? Necesito tu ayuda.
> —¿Estás bromeando? Esta semana habrá una manada de búfalos en el valle. Si me lo pierdo, tal vez no tengamos carne durante el invierno. ¿Quieres que corramos el riesgo de pasar hambre solo porque hay que podar los árboles?

Eva refunfuña mientras se aleja, y se da la vuelta para hacerle a Adán una última mueca desdeñosa. Adán y Eva tenían sus problemas. Lo mismo sucede con las parejas casadas de todos los tiempos. Pero no nos detengamos aquí ni nos sintamos desesperanzados ante la tensión, la falta de armonía, el conflicto y la siempre presente amenaza del divorcio. También debemos reconocer una poderosa verdad: los conflictos son predecibles, y podemos manejarlos. Los conflictos que enfrentamos tienen patrones, así que podemos aprender, con la ayuda de Dios, a superarlos. Podemos aprender de nuestros errores.

Al igual que Adán y Eva, hemos cultivado el fino arte de esconder, evitar y culpar. Hemos aprendido a hacer una montaña de un grano de arena y a tapar el sol con un dedo. Hemos encontrado maneras de evitar aprender las lecciones sumamente útiles disponibles para nosotros en todas las riñas que tenemos. Sin embargo, puesto que los problemas en las relaciones son predecibles, podemos aprender nuevas estrategias para superarlos.

Pablo y Linda

Pablo y Linda eran una pareja típica de las muchas que vienen a verme. Habían tenido problemas en su matrimonio durante muchos años antes de decidir finalmente que necesitaban ayuda exterior; un paso difícil para ellos, según dijeron.

"Nuestros problemas son triviales en muchos aspectos —me dijo Linda—. Deberíamos poder resolverlos nosotros mismos, pero no podemos. Ambos nos dimos cuenta de que necesitamos ayuda".

Habían estado casados durante dieciocho años y tenían dos hijas adolescentes. Pablo y Linda habían permitido que la confusión y el enojo erosionaran el cariño que se tenían mutuamente. Ahora, esas cosas amenazaban con destruir su matrimonio.

Pablo era un hombre alto, amigable y bombero de oficio. Me dijo que le gustaba su trabajo, pero sobre todo, le gustaba el tiempo libre del trabajo para poder hacer lo que le apasionaba: pescar. Linda era una mujer delgada y atlética que trabajaba como enfermera en el hospital local, disfrutaba el reto de un triatlón de vez en cuando y participaba activamente en las actividades extracurriculares de sus hijas.

Les pregunté qué los había llevado a la consejería.

—Peleamos por las mismas cosas —dijo Linda—. Cada vez que creo que las cosas van a mejorar, volvemos a discutir y a pelearnos.

—No es nada grave —agregó Pablo—, sino los mismos viejos

patrones que nos hacen pelear y nos enojan el uno con el otro durante días. Es una estupidez.

—La mayoría de las parejas pelean por las mismas cosas una y otra vez —dije yo—. No reconocen sus patrones ni sus implicaciones, así que nunca hacen nada para salir de ellos.

—Eso es lo que nos sucede —dijo Pablo mirando a Linda—. ¿No te suena conocido?

—Hay dos o tres cosas que parece que nos hacen tropezar —dijo ella—. Pasamos el tiempo peleando sobre cuestiones de dinero y cómo disciplinar a las niñas. Aparte de eso, nos llevamos muy bien.

Pablo se inclinó hacia Linda y le tomó la mano. A ella pareció gustarle ese toque. Me di cuenta de que en su relación había mucho cariño, pero sin embargo, si ellos no podían identificar los patrones destructivos y eliminarlos o reducirlos al mínimo, el matrimonio terminaría teniendo problemas.

Como si me hubiera leído la mente, Linda dijo:

—No queremos permitir que las cosas lleguen a un punto en que las peleas destruyan nuestra relación. Ambos creemos que vale la pena salvar nuestro matrimonio. Esperamos que usted nos ayude a ver los patrones y a cambiarlos.

Trabajé con Pablo y Linda durante los siguientes tres meses. El calor emocional que vi entre ellos aquella primera tarde se desvanecía a veces mientras explorábamos sus áreas de desacuerdo. Pablo se negaba a enfrentar los problemas cara a cara, y era evidente que se sentía más cómodo haciéndose el payaso que confrontando los conflictos. Por otro lado, Linda tendía a exagerar las cosas y era hipersensible. Pero ambos se mostraron dispuestos a permanecer, a buscar los patrones destructivos y a cambiarlos.

A pesar de que Linda y Pablo estaban motivados, el cambio no fue fácil. El cambio verdadero nunca es fácil. La situación era difícil, sobre todo para Pablo. Él no estaba acostumbrado a sentarse y hablar sobre los problemas. Trabajaba con hombres que consideraban que ir a consejería y hablar de problemas personales era frívolo.

Igual que sus amigos, Pablo tenía la costumbre de hacer comentarios sarcásticos cuando se sentía frustrado. Esa era la manera en que reducía su ansiedad. El sarcasmo de Pablo era muy perjudicial. Y por supuesto, le impedía convencer a Linda de que estaba seriamente decidido a resolver sus problemas. A medida que dejó poco a poco los chistes incesantes e inadecuados, aprendió a expresarse sin sarcasmo. No es de sorprender que el respeto de Linda hacia él aumentara.

Linda tenía su propio trabajo que hacer. Debía evitar exagerar sus problemas o tergiversar las palabras de Pablo. Al igual que él, también tenía que cambiar su tono de voz si habían de progresar en su relación. Aprendió a no apoyarse en un lenguaje mordaz cuando las cosas no salían como ella quería. Más bien hablaba con calma y permanecía centrada en el problema que tenían a mano. Esto ayudó a Pablo porque él pudo concentrarse en lo que ella decía en vez de desconectarse de sus palabras amargadas. Poco a poco, Pablo se volvió más serio, mientras que Linda moderó su intensidad. Estos ajustes tuvieron un enorme impacto en su matrimonio porque ambos cónyuges se volvieron más eficaces a la hora de resolver problemas.

Descubrieron que podían aprender mucho de errores que habían estado repitiendo en su relación. Descubrieron que el matrimonio puede ser un lugar donde se pueden pulir los bordes ásperos de la personalidad y crecer, de una vez y para siempre.

Las lecciones que hay en los errores

Afortunadamente, podemos aprender lecciones valiosas de nuestros errores. Aunque el proceso puede ser difícil, si somos sinceros acerca de la búsqueda, encontraremos cosas que nos ayuden a llegar a ser mejores personas y mejores cónyuges. Si estamos dispuestos a confrontarnos a nosotros mismos y a nuestros problemas, descubriremos cosas que preferiríamos no ver. Pero el solo hecho de identificarlas puede ser inmensamente útil. Consideremos algunos de los temas que desarrollaremos en este libro.

En primer lugar, *los errores nos hacen humildes*. Los errores en las relaciones crean confusión. Destacan el papel que usted desempeña en la causa de los problemas. A menos que usted esté endurecido y sea insensible, notará que alguien sufre, y que usted ha causado el sufrimiento. Si está dispuesto a aprender, los errores que cometa en sus relaciones lo bajarán de las nubes a la realidad. Si reflexiona sinceramente, tendrá la oportunidad de verse de una manera más precisa y humilde.

En segundo lugar, *los errores dan la oportunidad de crecer emocionalmente.* Si usted escucha de verdad la evaluación de su cónyuge, tendrá la oportunidad de madurar. Sin duda alguna, su cónyuge estará dispuesto a hacerle comentarios constructivos que pueden ser sumamente útiles, siempre y cuando usted esté dispuesto a escuchar.

Charles Manz, autor del libro *The Power of Failure* [El poder del fracaso], nos dice que podemos ser liberados cuando admitimos las deficiencias personales. Él usa al rey David como ejemplo; específicamente, el incidente de David con Betsabé y el asesinato de su esposo. También cita ejemplos contemporáneos, tales como el presidente Nixon en el caso Watergate y los romances del presidente Clinton. Hasta que esas personas no enfrentaron sus fracasos, no pudieron seguir adelante en la vida.

Manz dice: "Tenemos que afrontar el hecho de que hemos fracasado. Hasta que no lo hagamos, podemos encontrarnos hundiéndonos más y más en la oscuridad, atados al pasado en vez de levantarnos hacia un futuro más brillante. Nuestro éxito a largo plazo bien puede depender de que aceptemos, a corto plazo, cuando el fracaso realmente es fracaso".[1]

En tercer lugar, *los errores nos enseñan lo que es importante.* No hemos avanzado lo suficiente cuando nos limitamos a admitir nuestros errores o, incluso, a tratar de remediarlos. Debemos examinar de cerca nuestras acciones para encontrar la raíz de los problemas. Decir que lo siente, por muy digna que sea esa acción, no alcanza lo que usted puede lograr. Cuando repasa los errores de manera crítica, puede aprender acerca de sus motivaciones y valores ocultos. Si estos son retorcidos, debe tratarlos.

Muchas parejas luchan con los mismos errores graves una y otra vez. Quizás esa sea su situación actual. Puede que usted se sienta como el viajero que vez tras vez cae en el mismo agujero en el camino. Cuando haya *aprendido* de verdad, elegirá un camino distinto. Pero primero debe entender y aceptar las lecciones que la situación proporciona.

En cuarto lugar, *los errores pueden ser una forma en la que Dios se comunica con nosotros.* Él los usa para captar nuestra atención. Cuando las cosas van muy bien en nuestra vida, nos sentimos tentados a volvernos farisaicos y a no prestar atención a Dios. Él permite que tengamos problemas para que aumentemos nuestra confianza en Él. Dios también utiliza la causa y el efecto. Nos deja experimentar las consecuencias naturales de cómo hemos vivido nuestra vida. Permítame ofrecerle un ejemplo.

Celeste era una mujer profesional de cincuenta y tres años que vino a consejería para buscar ayuda en su relación con Tomás. Estaban comprometidos, pero Celeste tenía dudas acerca de su relación que no se disipaban. Puesto que ella había fracasado en dos matrimonios anteriores, se mostraba particularmente cautelosa. Tampoco sabía discernir muy bien, y era víctima de patrones que apenas entendía y deseaba evitar su repetición desesperadamente.

En la consejería, Celeste descubrió sus fuertes rasgos de codependencia. Se aferraba a hombres que tenían graves problemas emocionales, incluidas adicciones, y reforzaba las debilidades de ambos al no prestarles atención o al fomentarlas. Ella sabía que esos hombres perturbados la necesitaban y, debido a su inseguridad y sentimientos de inferioridad, los elegía, tanto para apoyarse en ellos como para que ellos se apoyaran en ella. Sus matrimonios eran casos de dos personas con problemas emocionales que se encontraban mutuamente. Por desgracia, esas relaciones casi siempre están destinadas al fracaso.

Celeste me dijo que Tomás era un profesional y que trabajaba con ella en una empresa de contabilidad. Era un cristiano agradable. Se conocieron en la iglesia y comenzaron a salir juntos. Sin embargo, después de varios meses, Celeste descubrió que Tomás no se estaba recuperando de su alcoholismo tanto como decía. Restaba importancia a su problema con la bebida, y ella se inclinaba a disimularlo también. No obstante, la experiencia pasada y su radar guiado por el Espíritu le advirtieron que habría problemas en el camino a menos que los confrontara directamente. Celeste no solo necesitaba abordar los problemas de Tomás con el alcohol, sino los suyos propios con la codependencia. Si ella lograba hacer eso, cometería menos errores en el futuro y, por tanto, se daría a sí misma la oportunidad de encontrar felicidad en sus relaciones.

Por último, *los errores pueden ser divertidos*. Sí, leyó bien. Los errores, si se tiene la actitud correcta, pueden ser interesantes, intrigantes e incluso pueden disfrutarse. Cometer errores forma parte de la vida y de las relaciones interpersonales. Los errores *van a suceder.* No se trata de *si* usted va a cometer un error, sino de *cuándo* lo va a cometer. Afortunadamente, los errores pueden ser instructivos y hasta se pueden disfrutar, si uno los ve bajo esa luz.

Considere lo intrigado que usted estaría si fuera a dar un paso atrás después de cometer un error, para preguntarse: *¿Por qué haría yo eso?* o *¿En qué estaba pensando?* O tal vez incluso: *¿Qué puedo aprender de esa medida tan ilógica?*

Yo les enseño a las parejas a entender los típicos errores de su relación y luego a estar pendientes de ellos. Los exhorto a que adopten una postura juguetona ante sus errores. Las parejas pueden conservar el buen humor usando frases como:

- "Oh, oh, aquí vamos de nuevo".
- "¿Estás recibiendo las mismas señales de advertencia que yo?"
- "¿Podemos ir más despacio? Estoy empezando a sentirme nervioso otra vez".

Si las parejas pueden ponerse de acuerdo, antes de tiempo, para identificar cuándo se están acercando al "área de los errores", podrán empezar el proceso del cambio. Habrán logrado con éxito la *interrupción de un patrón.* Interrumpir el viejo patrón romperá la conexión causa-efecto y creará los inicios de un patrón nuevo y más sano.

Nueve errores graves

Muchos errores son instructivos, pero algunos son graves. Si se convierten en un hábito, pueden erosionar el cariño y destruir la integridad de su relación. He encontrado nueve errores que son especialmente devastadores para un matrimonio, y los abordaremos en cada uno de los siguientes capítulos.

1. *Deje de accionar el detonador.* En este capítulo, vamos a aprender la importancia de resolver un conflicto antes de que dé un giro peligroso y cree un daño irreparable. La mayoría de las parejas sabe, en los primeros dos minutos de una discusión, si

esta va a ser constructiva o si tiene el potencial de convertirse en una guerra. Tenemos que aprender a ver la diferencia y a tomar decisiones en consecuencia.

2. *Bájese de esa nube.* Aquí vamos a explorar el peligro de tapar el sol con un dedo en la espera de que los problemas desaparezcan al no hacerles caso durante cierto tiempo. Esto no da resultado, y vamos a aprender a enfrentar el problema.

3. *Deje de hablar en chino.* Veremos cómo ponerle un alto a la comunicación oscura y que distrae la atención. Aprenderemos la importancia de permanecer concentrados y encontrar soluciones a los problemas.

4. *Deje de querer ocupar el lugar de Dios.* En este capítulo, sacrificamos una vaca sagrada: el deseo que todos tenemos dentro de ser Dios y decir a nuestras parejas lo que están haciendo mal, por qué está mal y lo que deben hacer distinto. Este parece ser el pasatiempo preferido para muchas parejas, pero es muy destructor.

5. *Llueve sobre mojado.* Muchas parejas no saben cuándo dejar de lado un asunto. Los recuerdos de malas acciones pasadas que han sufrido están arraigados profundamente y sienten la necesidad de recordarlo al cónyuge siempre que surge la oportunidad.

6. *Deje de vivir en las trincheras.* Todo el mundo necesita que lo animen, y la persona más adecuada para eso es su cónyuge. En este capítulo, examinaremos el daño que se produce cuando nuestro juicio se ve nublado por un exceso de crítica o, tal vez, por la falta de una actitud positiva. También hablaremos de la transformación que pueden causar la alabanza y la opinión positiva.

7. *Deje de vivir con cercas de papel.* En este capítulo, veremos la importancia de tener límites saludables. Hablaremos de lo que son los límites, por qué son importantes y cómo puede usted reforzarlos para beneficio de su matrimonio.

8. *Deje de usar esa lengua indómita.* Este capítulo explora la importancia de reducir la crítica en su matrimonio. Veremos cómo la negligencia, sobre todo la negligencia verbal, puede destruir una pareja.

9. *Deje de ser distante.* Muchas parejas parecen tener temor a la intimidad. Tal vez se quejen de su falta de proximidad, pero

parecen estar paralizadas sin hacer nada al respecto. Echaremos un vistazo a lo que es la intimidad, sus barreras más comunes y cómo puede uno derribarlas para crear calor de nuevo en la relación.

El meollo del asunto

A medida que abordamos estas cuestiones vitales, debemos siempre lidiar con el meollo del asunto. El cambio superficial produce frustración. Las soluciones a corto plazo y los arreglos rápidos están destinados al fracaso.

Jesús nos ofrece algo en qué pensar respecto al conflicto y a nuestro corazón. Considere esta historia de su vida.

Un joven se acercó a Jesús y le pidió que arreglara la disputa que tenía con su hermano sobre una herencia. Jesús le contestó: "…Hombre, ¿quién me ha puesto sobre vosotros como juez o partidor? Y les dijo: Mirad, y guardaos de toda avaricia; porque aun la vida del hombre no consiste en la abundancia de los bienes que posee" (Lc. 12:14-15).

A primera vista, uno pensaría que el Señor estaría dispuesto a ayudar a un hombre que estaba pidiendo ayuda. ¿Por qué, en cambio, lo regañaría y lo despacharía? Tal vez la respuesta esté en la última parte del pasaje. Escuche mi paráfrasis de sus palabras:

"No se trata simplemente de hacer una distribución justa de tu riqueza. Es una cuestión del corazón. En vez de estar tan preocupado por la igualdad, trata de aprender de tu corazón y de tomar una decisión justa basada en los principios del corazón".

Santiago 4:1-3 destaca el papel central del corazón en los conflictos.

> ¿De dónde vienen las guerras y los pleitos entre vosotros? ¿No es de vuestras pasiones, las cuales combaten en vuestros miembros? Codiciáis, y no tenéis; matáis y ardéis de envidia, y no podéis alcanzar; combatís y lucháis, pero no tenéis lo que deseáis, porque no pedís. Pedís, y no recibís, porque pedís mal, para gastar en vuestros deleites.

¿Acaso ese pasaje le pega entre ceja y ceja como me pega a mí? ¿Puede rastrear sus luchas en las relaciones hasta motivos egoístas y problemas del corazón?

En vez de concentrarse apasionadamente en todo lo que su pareja ha hecho mal o en las cosas que usted cree que él o ella deben hacer para corregirlas, considere lo que sucede en su propio corazón. Antes de señalar con el dedo a su cónyuge, cerciórese de haberse examinado diligentemente para encontrar tentáculos de codicia. Asegúrese de que el resentimiento no forme parte de sus motivaciones. Específicamente, fíjese si hay señales como estas:

- un sentido de tener derecho a algo;
- un deseo que se convierte en exigencia;
- una sensación de resentimiento que corroe;
- un deseo de vengarse;
- un sentido de juicio farisaico.

Esas actitudes son naturales. Yo las he tenido y lucho con ellas a menudo. De hecho, nunca he sentido que he obtenido la victoria total sobre ellas. ¿Y usted? ¿Cómo está su corazón?

La decisión de cambiar

Lo más probable es que haya abierto este libro porque ha cometido algunos errores en su matrimonio y quiere liberarse de los patrones perturbadores. Puede hacerlo. Con la ayuda de Dios y un corazón dispuesto, puede superar esos patrones problemáticos y lograr una relación más gozosa. La pregunta es: ¿qué tendrá que hacer para cambiar?

Primero, *el cambio exige una decisión clara y comprometida*. Tal vez eso parezca obvio. Pero no todo el mundo está dispuesto a hacer lo que sea necesario para efectuar el verdadero cambio. De hecho, muchas personas que dicen que quieren cambiar tienen los dos pies firmemente plantados en concreto. No van a hacer cambios, independientemente de lo que digan. El cambio viene de una decisión de participar en la transformación. Esa decisión pone todo lo demás en movimiento.

Segundo, *el cambio exige una disposición a cambiar*. Una vez que ha decidido cambiar, debe examinar su corazón para ver si de verdad está dispuesto. Tendrá que mirar varias áreas de su vida y su matrimonio y confirmar si está preparado para alterar su conducta. Eso se llama *rendición*: rendición a la poderosa obra de Dios. Si su matrimonio no marcha bien, debe estar dispuesto a hacer algo al respecto.

En tercer lugar, *el cambio exige franqueza*. No puede cambiar lo que no ha afrontado. Si no le ha puesto nombre al problema, no es probable que lo resuelva. Por tanto, antes de que pueda haber algún cambio, tiene que ser totalmente franco consigo mismo, reconocer que el problema existe y que usted es, al menos, parcialmente responsable. Debe estar dispuesto a admitir que su vida y su matrimonio no marchan como debieran. ¿Tendrá que ser humilde? Sí. ¿Será liberador? Totalmente.

En cuarto lugar, *el cambio exige valor*. Ahora que usted ha admitido que su vida y su matrimonio no son lo que podrían ser y que sus errores graves están arruinando su oportunidad de tener intimidad, debe tener el valor de cambiar. El cambio no es para los débiles. Se necesita una bravía angustiante.

En quinto lugar, *el cambio exige juicio*. Para que se produzca una transformación, debe examinar su vida con un juicio sólido. Muchos dicen que están dispuestos a cambiar, pero no han considerado el costo verdaderamente. Como dicen los miembros de Alcohólicos Anónimos: "Las medidas a medias no nos sirven de nada". El cambio superficial vale poco. Si desea obtener resultados reales, debe reconocer lo que no marcha bien y estar dispuesto a cambiarlo.

En sexto lugar, *el cambio exige perseverancia*. El cambio verdadero no sucede de la noche a la mañana. Se necesita resolución. Necesita examinar su patrón de errores graves, una y otra vez, y elaborar un plan para cambiar. Eso forma parte de considerar el costo. Si está dispuesto a cambiar, estará dispuesto a perseverar todo el tiempo que sea necesario.

En séptimo lugar, *el cambio exige la ayuda de Dios*. Tenemos que entender que, con nuestro propio esfuerzo, no vamos a cambiar. Albert Einstein dijo una vez que no podemos reparar un problema usando la misma fuerza que lo creó. Esa es la razón de nuestro pensamiento defectuoso: la misma manera de pensar que creó el problema no sirve para remediar de verdad el problema. Necesitamos la ayuda de Dios.

No se olvide de sonreír

A medida que nos embarcamos en esta trayectoria, recuerde que todo el mundo comete errores. Sobre todo, los que estamos casados. Las metidas de pata forman parte del territorio. Podemos disimularlos ante amigos que vemos de vez en cuando. Queremos a nuestros amigos y deseamos que ellos nos quieran. Por consiguiente, a menudo hacemos grandes esfuerzos para aparentar lo mejor.

Lo mismo parece ser cierto en lo que respecta a nuestras relaciones en la iglesia, donde compartimos una expectativa implícita de que vamos a ser píos. Queremos comportarnos como si estuviéramos escuchando los sermones y practicando la honorable vida cristiana. La mayoría de nosotros sabe cómo verse bien, cómo sentarse con reverencia en el púlpito con una aureola de santidad en la cabeza. Lamentablemente, muchas veces confundimos lo que es actuar con justicia propia de lo que es ser justo.

Pero a puertas cerradas, en las sombras del hogar, bajamos la guardia. El trajín constante de las relaciones hace su estrago. Perdemos la paciencia, refunfuñamos y tal vez hasta gritemos. Luchamos con los demonios de la adicción. Somos, por encima de todo, humanos, y por eso suceden los errores graves. Pero ¡eso puede cambiar!

Ahora que vamos a recorrer juntos esta trayectoria, recordamos que todos somos falibles. Todos tenemos problemas con uno o más de los errores graves que vamos a abordar en este libro. Así que relájese. Sonría. Búsquese en las historias que siguen. Haga lo que haga, no se tome las cosas demasiado en serio. Después de todo, estamos en un proceso. No podemos esperar saberlo todo sobre eso que llamamos *relaciones*.

Capítulo 1

Deje de accionar el detonador:
Cómo evitar las explosiones emocionales

Nunca es demasiado tarde —ni en la vida real ni en la ficción— para hacer cambios.
NANCY THAYER

Subí los tres tramos de las escaleras para llegar a mi oficina agarrando con fuerza mi café, como si fuera mi propia vida. En la otra mano, tenía el almuerzo, y el maletín me colgaba del hombro. Me dirigía a mi primera cita. Oré rápidamente para pedir protección y una bendición para aquellos que me iban a consultar en mi consultorio de psicología ese día.

—Buenos días, chicas— dije alegremente a Helen, la encargada de mi consultorio, y a Darby, su asistente.

—Buenos días, doctor H. —dijeron ambas con alegría.

Eché un vistazo a la sala de espera. Había una pareja sentada llenando formularios, la cual intercambió miradas y conversaba animadamente.

—¿Es esa mi primera cita? —pregunté a Helen.

—Sí. La carpeta está lista, y acaban de terminar de llenar el formulario de admisión. Parecen una buena pareja.

Me dirigí a mi oficina para prepararme para la pareja que esperaba para consultarme. Me preguntaba qué los habría llevado allí. Tal vez tenían problemas con hijastros. O quizás eran recién casados y ya empezaban a luchar para mantener la relación. Tal vez uno de ellos había sido infiel, y me venían a pedir ayuda para unir las piezas del rompecabezas.

Aunque me considero psicólogo de niños y familias —más o menos como el médico de cabecera de antaño—, la consejería matrimonial ocupa la mayor parte de mi trabajo. Me reúno con muchas parejas que apenas pueden mantener viva su relación amorosa.

He visto el mismo patrón muchas veces: la pareja enamorada se imagina una vida de felicidad y dicha, hasta que se encuentran con la realidad. El conflicto entra en escena, y de pronto no pueden con todo. Muchas veces no están bien equipados para manejar los problemas que suelen enfrentar las parejas y vienen a pedirme ayuda. A veces intentan hacerlo solos y terminan viendo irremediablemente cómo se disuelve su matrimonio.

En mi trabajo con parejas durante mis veintiocho años de consejería, he aprendido cuáles son los patrones de la mayoría de los conflictos en las relaciones. He llegado a comprender que la mayoría de los problemas conyugales caen en uno de los nueve errores graves que vamos a estudiar en este libro.

Como dice el viejo dicho, la situación es irremediable, pero no grave. Usted puede aprender a prevenir que su relación sea víctima de uno de los nueve errores graves. O, si ya se ha hecho daño, puede aprender estrategias para ayudar a encontrar rápido soluciones que lo lleven a disfrutar su relación más plenamente.

¿Qué traía aquella pareja esa mañana de lunes? Se veían bastante alegres en la sala de espera. Tal vez tenían problemas con hijastros y con sus ex cónyuges, no el uno con el otro. Quizás estaban tratando de decidir cómo criar a un niño pequeño. Tal vez habían estado peleando todo el fin de semana y simplemente aparentaban estar bien en público. ¿Cuál de los errores graves estaban cometiendo? Pronto lo sabría.

Después de quitarme la chaqueta y guardar mi maletín, volví a la oficina secretarial a repasar los formularios de admisión. Tomé la carpeta y le hice un gesto a la pareja indicándoles que estaría con ellos en breve.

Bárbara y Tomás Castillo. Ambos tenían treinta y ocho años de edad. Él trabajaba como asistente de un gerente en una tienda por departamentos local. Ella era cajera de un banco. En el formulario de admisión, resumieron su problema de la siguiente forma: "No sabemos pelear limpio".

No es que yo tuviera mucha información, pero la que tenía era importante. A pesar de que puede que deseemos que las peleas no formen parte del matrimonio, evidentemente ese no es el caso. La pareja que no sabe pelear limpio ya tiene una desventaja cuando se trata de lograr que su matrimonio salga adelante.

Habrá conflictos, seguro. Saber cómo navegar por los conflictos puede fortalecer o debilitar un matrimonio. Es una de las habilidades más potentes que una pareja puede aprender para que su relación prospere.

Saludé a los Castillo y los acompañé a mi consultorio. Ambos me dieron un buen apretón de manos y una amplia sonrisa cuando entraron a mi oficina. Era evidente que eran amigables.

"Sé que no les damos mucho espacio en nuestros formularios para hablar de la razón que los trajo aquí. ¿Por qué no me dicen cómo creen que los puedo ayudar?", dije a manera de introducción.

Bárbara iba vestida de manera informal, con pantalones vaqueros y un suéter. Tenía pelo castaño corto que le caía suavemente en los hombros. Tenía una sonrisa cautivadora. Tomás era un hombre alto, delgado, tipo atlético y tenía el pelo prematuramente canoso y fino para su edad. Llevaba perilla y estaba cómodamente vestido con una camisa de manga larga y pantalones caqui. Era afable, pero un poquito más cauteloso en su disposición.

Después de dudarlo un poco, Bárbara dijo:

—Realmente, no sé por dónde empezar.

—Bueno, cuéntenme por qué decidieron buscar consejería. ¿Qué estaba sucediendo en su matrimonio que los trajo aquí?

Durante los siguientes veinte minutos, Bárbara y Tomás hablaron de sus catorce años de matrimonio y de su historial de conflicto. Se sonreían mutuamente a menudo. Hablaban con calma, sus voces apenas indicaban que había problemas más profundos. Recordaban los puntos fuertes de su relación: ambos disfrutaban su trabajo, la casa que habían diseñado y construido juntos, y sus tres hijos.

Cuando el tema cambió, los ánimos empezaron a caldearse. Percibí la tensión que aumentaba en la habitación, mientras Bárbara hablaba de una amistad que Tomás tenía en el trabajo con una de sus compañeras y que a ella le preocupaba.

En cuestión de minutos, la atmósfera se volvió oscura, con frustración y una corriente de hostilidad. El tono de las voces se definió más. Sus palabras estaban llenas de burla y acusación. La pareja que había hablado tan calmadamente antes, ahora empezaba a desmoronarse ante sus problemas.

—Él siempre la defiende —dijo Bárbara—. Pasa más tiempo en el trabajo que en casa. Se preocupa más por su trabajo y su amiga especial que por su familia.

—Ahí vamos de nuevo —contestó Tomás—. Haces acusaciones que no son ciertas. Siempre estás atacando. Nunca entiendes mi perspectiva.

—Y bien, ¿cómo explicas los almuerzos que han tenido juntos en los últimos dos meses, y el regalo que le compraste para su cumpleaños?

—Es cuestión de negocios. Todo fue porque trabajamos juntos, nada más —dijo Tomás con brusquedad.

—¡Caray! —dije yo—. Hace un minuto, se mostraban muy amistosos y ahora se están atacando como enemigos a muerte.

Sin embargo, mis intentos de intervención no lograron nada.

Bárbara continuó, inclinándose hacia adelante en la silla y dirigiendo sus tajantes palabras a Tomás

—A él no le importa lo que yo siento acerca de su relación con su compañera de trabajo. Él se defiende, pero yo creo que hay algo.

—Eso es una locura —dijo Tomás mirándola con hostilidad—. Mantengo una relación profesional con todos mis compañeros. Hablamos de esto en casa, pero nada de lo que yo diga tranquiliza a Bárbara. Comienza a atacarme cada vez que surge el tema. Ataca a mi personal, y cuando los defiendo, se vuelva loca. Nada de lo que diga ayuda, estoy harto.

—Señores, un momento —dije yo—. Estoy dispuesto a ayudarlos a tratar de resolver las cosas y encontrar una solución. Pero primero tienen que dejar de atacarse mutuamente. Eso no resolverá nada.

Siguieron mirándose con ira, mientras yo pensaba en mis próximos pasos. En los años que tengo de práctica, he visto casi todo, pero los ánimos habían cambiado tan de repente que me tomaron por sorpresa. Un momento antes habían sido afables, conversando y tocándose con cariño. Luego, de repente, accionaron el detonador y activaron dinamita emocional, que produjo toneladas de residuos que volaban en todas direcciones. ¿Por qué? Y lo que es más importante, ¿qué podíamos hacer al respecto?

El cambio drástico

En un momento, eran amigos y al siguiente, enemigos. En un momento, eran amantes con esperanzas y sueños, y al siguiente, combatientes listos para separarse.

¿Alguna vez se ha sentido así? ¿Se ha gozado en el cariño y la amistad del matrimonio, y luego, sin advertencia, se ha encontrado atrapado en un feo encuentro? Si es así, no me sorprende. Sucede, incluso en la mejor de las relaciones, con parejas comprometidas para casarse y con aquellos que han estado casados durante años.

Esos cambios drásticos llevan a los matrimonios dichosos a un callejón sin salida. Puede cambiar un apego amoroso y armónico en una rivalidad amarga y llena de discusiones. Y puede suceder suficientemente rápido como para que la cabeza le dé vueltas.

Veamos exactamente cómo ocurre esto.

En primer lugar, *alguien cambia la relación emocional.* El cambio puede suceder drásticamente, a veces sin que nadie se dé cuenta. Alguien plantea un tema delicado y con ello hiere los sentimientos de la otra persona, violando un ego temperamental.

Fíjese que Bárbara y Tomás estaban bien, siempre y cuando evitaran "el tema candente". Descubrí que ellos se llevaban bien cuando hablaban de los hijos, las finanzas, las vacaciones de verano y la intimidad. Pero cuando Bárbara sacaba el tema tabú, el pronóstico emocional cambiaba de suave y moderado a lluvias torrenciales con vientos huracanados.

El doctor Alan Loy McGinnis, en su libro titulado *The Friendship Factor* [El factor amistad], que fue todo un éxito, habla de la importancia de mantener el clima emocional en una relación. Explica que cada persona aporta una determinada energía emocional. Puede ser una energía positiva, como cuando dos amigos se encuentran, o una energía negativa, en el caso de una riña conyugal o un cambio drástico en el temperamento. Una persona que trae un tono destructor a la relación puede preparar el escenario para que la otra reaccione de la misma manera.

En segundo lugar, *la defensa aumenta la hostilidad*. Lidiar con los problemas aquí y ahora, pelear las batallas de hoy con las energías de hoy ya es bastante difícil. Pero encima de eso, todos llevamos un bagaje emocional al matrimonio.

Antes de que usted se ponga a la defensiva, entienda que nadie tuvo una niñez perfecta. Todos nos criamos en circunstancias que nos dejaron sintiéndonos abandonados, inseguros o indignos de amor. Todos tenemos "gatillos" que nuestra pareja puede apretar. Sabemos que somos "reactivos" si nuestras emociones acerca de un tema en particular sobrepasan lo que podríamos esperar para ese tema.

Harville Hendrix, en su libro titulado *Conseguir el amor de su vida*, dice que llevamos pequeños padres en nuestras cabezas. Dice que ponemos el rostro de nuestros padres en nuestra pareja. Otros psicólogos han llamado a esto *transferencia*, que es atribuir algo a nuestro cónyuge que en realidad pertenece a nuestros padres. Es oportuno decir que este proceso puede destrozar relaciones. Responder emocionalmente a situaciones viejas y colocarlas en la actual es confuso y crea reacciones emocionales exageradas. Todos debemos hacer nuestro propio trabajo emocional, tener claro qué problemas pertenecen a quién y mantenerlos fuera de nuestro matrimonio.[1]

En tercer lugar, *los egos se hieren*. Cuando afrontamos una amenaza (o una amenaza *percibida*), solemos accionar el botón de "lucha o fuga". Cuando alguien asalta algo que para nosotros es muy importante, como nuestro ego, algo interno nos apremia a atacar o a huir. Los hombres son muy habilidosos en este sentido. Nuestro primer instinto es destruir la amenaza o huir de ella. Pocas veces consideramos opciones menos drásticas.

Nuestro pasado desempeña un papel importante para determinar cómo manejamos las dificultades actuales. Aprendimos de nuestros padres a manejar los conflictos. Después de verlos pelear verbalmente, puede que nos inclinemos a usar algunas de las mismas tácticas. O después de ver y escuchar tanto conflicto en casa, tal vez lo evitemos como a las plagas.

Cuando examiné la historia de Bárbara, vi que su pasado estaba afectando su relación actual con Tomas, aunque era evidente que él tenía que cambiar algunas de sus conductas. Bárbara me explicó que sus padres se separaron cuando ella tenía diez años. Durante la terrible experiencia, ella fue arrastrada al intenso conflicto. Como era la mayor de los tres hijos, Bárbara se convirtió en la confidente de su madre. Escuchó todos los detalles desagradables de la presunta aventura de su padre. La madre de Bárbara le dijo muchas veces que su padre era un mujeriego, bueno para nada, en quien no se podía confiar, e insistía en que los problemas conyugales eran culpa de él totalmente.

Los padres de Bárbara a menudo la usaban de peón en sus peleas. Su madre esperaba que ella se pusiera de su parte, sin cuestionamiento, y atacaba a su padre con malicia. Aunque Bárbara amaba a su padre profundamente, escuchó durante mucho tiempo los chismes constantes de su madre sobre la traición. Como resultado de todo ello, Bárbara no estaba segura de qué era verdad y qué no lo era.

Hoy día, muchos años después del divorcio, la madre de Bárbara sigue anidando mucha amargura y resentimiento hacia su ex esposo. Pero peor aún es el efecto que causó el divorcio en Bárbara.

Ella reconoce hoy que se sentía incapaz de proteger a sus hermanos menores de la violencia verbal que predominaba en el hogar. Además, debido a las sospechas de la infidelidad de su padre, Bárbara no puede confiar totalmente en los hombres con los que se relaciona. Teme que con el tiempo la engañen, independientemente de cuánto le aseguren fidelidad. Ella se da cuenta de que ha asumido una gran cantidad de la negatividad de su madre y puede que no esté evaluando a las personas y los acontecimientos con precisión debido a lo que sucedió en su pasado.

James Creighton, consultor reconocido internacionalmente en el tema conflicto-resolución, y autor del libro *Claves para pelearse sin romper la pareja*, dice: "La creencia de que nuestros sentimientos están causados por acontecimientos externos no es toda la verdad. Es solo una pieza del rompecabezas. Las emociones que usted experimenta son creadas por los significados que atribuye a esos acontecimientos. Usted decide lo que cada acontecimiento significa para usted".[2]

Recuerdo un hecho reciente que me desconcertó por completo. Sostenía una conversación con una amiga cercana. Estábamos hablando sobre algo inocuo un momento, y dos minutos después, yo estaba listo para gritar. La conversación transcurrió más o menos así:

Christie: David, ¿quieres decirle a tu hijo que me gustaría que me pintara la casa, si todavía quiere el trabajo?

David: ¿Cómo que si todavía quiere el trabajo?

Christie: Eso mismo. Si todavía quiere el trabajo.

David: ¿Por qué no iba a querer el trabajo? Yo te dije que él quería pintarte la casa.

Christie: ¿Por qué te pones tan a la defensiva?

David: Por la manera en que lo dijiste. ¿Por qué no iba él a querer el trabajo?

Christie: No estaba segura de si a él todavía le interesaba el proyecto. A veces, él cambia de parecer.

David: Él no cambia de parecer sobre cosas como esta.

Christie: ¿Te das cuenta de cómo me estás hablando?

David: Pues no me gusta la insinuación de que mi hijo podría variar lo acordado.

Christie: No quise decir que él variaría lo acordado.

David: Está bien. Lo siento. Entendí mal lo que estabas diciendo. Perdóname por haberme molestado.

Fíjese lo dispuesto que estaba yo a pelear. Me volví insignificante, discutidor, defensivo. Estaba sobreprotegiendo a mi hijo y me identifiqué mucho con él. Afortunadamente, tuve la compostura de notar cómo me estaba comportando y dejarlo ahí.

En el pasado, no siempre he tomado decisiones tan sabias. En otros momentos de mi vida —muchos más de lo que me gustaría admitir—, he asumido el papel del perfeccionista exigente. He herido a otras personas incluso cuando hacerlo no era lo mejor para mí ni para aquellos con quienes intentaba comunicarme.

En cuarto lugar, *lanzamos insultos para proteger nuestros egos.* Una vez que la guerra ha comenzado, todo se vale.

Por triste que sea esta realidad, cada uno de nosotros probablemente haya participado en ello. Hemos dejado de querer a algunas personas porque nos hemos sentido a la defensiva o amenazados. Cambiamos de una preocupación motivada por el amor al ataque. Fuimos heridos, por lo cual, queremos herir. Nos sentimos traicionados y por eso queremos traicionar.

En quinto lugar, *en algún momento declaramos una tregua*. Después de pelear la batalla, alguien decide que esa guerra entre amantes es una locura. Alguien tiene que detener el derramamiento de sangre emocional y ondear la bandera blanca.

Sin embargo, muchas veces, declaramos la tregua solo después de habernos herido mutuamente. A veces las heridas nunca sanan. Las palabras no se pueden retirar. Los insultos dejan huella, y el dolor puede durar toda la vida.

Si reconoce este patrón en usted, espero que esté listo para hacer el trabajo necesario para alterarlo. Leer este libro es un comienzo potente para cambiar patrones destructores de mucho tiempo. En estas páginas, aprenderá a hacer ese ajuste más rápida y eficazmente.

El efecto dinamita

Hace poco pasé con mi automóvil por un sitio recién excavado en las montañas Cascade del estado de Washington. Puesto que había visto el área unos días antes, no estaba seguro de si estaba en el mismo lugar cuando volví. Conmocionado, me paré a un lado de la carretera para mirar más de cerca. Habían desaparecido los coníferos gigantes y una gran cantidad de arces; ya no estaban los arbustos, los arándanos ni los helechos. En su lugar, había enormes máquinas para remover la tierra que habían dejado el paisaje baldío.

Sin embargo, antes de que el pesado equipo llegara al sitio de la construcción, algo tuvo que preparar la tierra para poder moverla. Los obreros usaron dinamita para aflojar y retirar grandes cantidades de tierra y roca en preparación para una carretera que había de construirse a través del terreno montañoso. Con un solo golpe rápido, alguien accionó el detonador y produjo una explosión que rompió la tierra.

Mientras pasaba por allí, pensé en la persona que controlaba el detonador. ¿Cómo se sintió cuando dañó tanta vida después de accionar una palanca? ¿Se daba cuenta de que la tierra así devastada nunca sería la misma?

De igual forma, pensé en aquellos que deciden accionar el detonador en un matrimonio. ¿Se dan cuenta del daño que hacen? Se concentran en una meta inmediata y hacen hincapié en un punto —ganar una discusión—, pero ¿consideran las consecuencias a largo plazo de sus acciones? ¿Se dan cuenta de que no pueden retirar las palabras que han pronunciado cuando estaban airados?

Así como los efectos de la dinamita son repentinos y catastróficos, así son los efectos de la lengua. He notado que muchas personas son expertas en iniciar acciones catastróficas con una sola palabra. Con esa palabra, una avalancha de destrucción interrumpe la comunicación y provoca el conflicto.

El poder del detonador

Las personas accionan el detonador por muchas razones. Una de ellas —tal vez una razón que no queremos aceptar muchas veces— es ganar poder. El detonador controla mucho poder.

Así como los obreros se sienten poderosos cuando accionan el detonador que lanza toneladas de tierra en todas direcciones, así las personas se sienten poderosas cuando accionan el detonador del conflicto que propulsa palabras y emociones en todas direcciones. Aunque la mayoría de nosotros dice que detestamos esos momentos, quizás también disfrutemos en secreto el control que los acompaña.

Veamos de nuevo el caso de Tomás y Bárbara. Miremos su situación desde la perspectiva del poder.

Tanto Tomás como Bárbara ejercieron grandes cantidades de poder en su primera conversación conmigo. La interacción significativa terminó cuando comenzaron a hablar de la amistad que tenía Tomás en el trabajo. Dejaron de escuchar y se pusieron a atacar.

Bárbara sentía el poder que venía de acusar a Tomás de algo feo. Ella estaba segura de que él tenía una aventura, y nada la iba a convencer de lo contrario. Tomás, puesto que tenía su propia sensación de indignación y poder, se defendía vigorosamente. Llamó a su mujer "loca" y la atacó con la misma fuerza con la que ella lo había atacado a él.

Observe el poder en acción de este encuentro. Fíjese en la *postura* que asumió cada persona. Note la defensiva. La defensiva, que es común en tantas relaciones, dice: "Estás equivocado. No quiero escuchar lo que tienes que decir. Quiero que las cosas se hagan a mi manera. Cállate la boca".

Sin embargo, la defensiva y los juegos de poder no funcionan. Usar el poder para derrotar a sus oponentes no es productivo. Puede que los silencie, pero no crea espacio para el amor. Los juegos de poder alejan el amor y la buena voluntad de la relación.

Santiago habla del poder cuando dice: "¿De dónde vienen las guerras y los pleitos entre vosotros? ¿No es de vuestras pasiones, las cuales combaten en vuestros miembros? Codiciáis, y no tenéis; matáis y ardéis de envidia…" (Stg. 4:1-2).

Sí, todos matamos cuando usamos nuestro poder para derrotar a nuestros cónyuges. Matamos sus espíritus. Matamos su estima. Queremos que las cosas salgan a nuestra manera porque ansiamos poder, y estamos dispuestos a usar las palabras para aniquilar a nuestras parejas y obtener ese poder.

El juego de la culpa

Otra forma de usar el poder en un matrimonio es culpando a nuestra pareja. Todos conocemos esa estrategia. Apuntamos con el dedo acusador en todas direcciones excepto hacia nosotros mismos.

Bárbara acusa a Tomás de engañarla. Tomás dice que Bárbara está loca. Ambos dan sus razones para las posturas que han asumido y se aferran a ellas. Son como perros con un hueso firmemente asido en la boca. Incluso cuando no queda carne en el hueso, no lo dejan por nada del mundo.

Cuando asumen su postura y la adrenalina se eleva, Tomás y Bárbara —o tal vez usted y su cónyuge— no pueden mirar el problema desde otras perspectivas. Cuando estamos enojados, cuando reaccionamos emotivamente y cuando estamos muy indignados, no podemos hacer ciertas cosas:

- Escuchar lo que se nos pide.
- Escuchar lo que no se está diciendo.

- Asumir la responsabilidad que nos toca del conflicto.
- Escuchar lo que puede haberlo desencadenado en usted.

Echar la culpa puede parecer un intento de resolver un problema, pero nunca es eficaz. En otro libro que vale la pena mencionar titulado *Don't Go Away Mad* [No se vaya enojado], el escritor James Creighton escribe lo siguiente:

> La necesidad de echarle la culpa a alguien casi siempre comienza con temor y juicio propio, los mismos atributos que acosan a la persona que está a la defensiva. En su nivel más básico, esa conducta es un esfuerzo por disipar las ansiedades que realmente tienen que ver con nuestra niñez. Lo que es una locura es que no tiene nada que ver con la resolución del problema, aunque nos puede llevar a creer que sí.[3]

Durante mucho tiempo, me aferré a la creencia de que culpar a los demás era una manera genuina de tratar de terminar el conflicto. Recuerdo un altercado que tuve con otro estudiante hace años, mientras cursaba los estudios de postgrado. Habíamos sido amigos por un tiempo y estábamos trabajando en un importante proyecto juntos. Empecé a sentir pánico a medida que se nos venía el tiempo encima y comencé a asumir la responsabilidad de cumplir con la fecha de entrega.

Al poco tiempo, también empecé a sentir una ira que iba en aumento, porque yo estaba haciendo la mayor parte el trabajo. Le di vueltas al asunto durante semanas. Puesto que mi resentimiento seguía aumentando, tuve que confrontarlo. Preparé un caso que, desde mi perspectiva, demostraba de manera convincente que yo estaba llevando gran parte de la carga.

Finalmente, con las armas cargadas, decidí que había llegado el momento del enfrentamiento. Estaba tan convencido de mi postura que creía sin duda que él no tendría manera de refutarla. Presenté mi caso de un modo no muy diplomático. Para mi sorpresa total, él respondió con una dosis igual de resentimiento. Escuché con incredulidad lo que consideré era su argumento retorcido para respaldar su opinión.

Mientras intercambiábamos acusaciones, la tensión aumentó. Ninguno de los dos tenía la menor idea de que el otro se estaba sintiendo usado y amargado. Solo después de lanzar nuestros ataques y después que nuestras duras palabras habían hecho el daño, pudimos aclarar el increíble malentendido. Aprendí lecciones dolorosas que recordaría para siempre sobre la culpa, la mala percepción y el resentimiento. Cuando me tranquilicé, empecé a ver que mis sentimientos habían estado nublados por mis sentimientos subyacentes de temor respecto al proyecto y por un alto grado de dudas propias sobre mi capacidad de manejar mis responsabilidades. Al final me sentí tonto y avergonzado. Había cometido el error de pensar que culpar a otra persona era la solución a mi problema.

Creighton acaba con esa creencia. La culpa, dice él, es otro juego de poder inútil. Otra forma de evitar los verdaderos problemas. Otro desperdicio de energía que se podría usar para resolver los conflictos verdaderos.

Poder que profundiza la intimidad

Si culpar a la otra persona no da resultado, ¿qué podemos hacer? Si la culpa es divisoria y una pérdida de energía, ¿cómo podemos redirigir esos sentimientos que se acumulan de una manera productiva?

Creighton muestra cómo podemos usar el poder para bien de la intimidad. ¿Y si, en lugar de pelear contra su pareja, cada uno usara su energía y poder para pelear contra un enemigo común: el problema? Creighton destaca dos usos constructivos del poder en una relación.

Poner las cartas sobre la mesa

Lo primero es *apremiar a la otra persona a reconocer las emociones de ambos y a lidiar con los problemas que sean importantes para los dos.* Creighton dice: "Es totalmente apropiado usar su influencia o poder para insistir en que sus emociones sean reconocidas, para abordar los problemas importantes y para buscar una resolución.

Tenga en cuenta que hay una diferencia entre estas metas e insistir en una resolución en particular que pueda darle una ventaja".[4]

Cuando se resuelven disputas en empresas grandes, a eso se lo llama "poner las cartas sobre la mesa". Exige una aclaración de los problemas.

Yo exhorto a las parejas a objetivar el problema antes de atacar a la otra persona. Les hago hincapié en la importancia de aclarar cuál es el *verdadero* conflicto. También insisto en que ellos reconozcan que las personas tienen derecho a su propio punto de vista. Ni siquiera los cónyuges tienen por qué estar de acuerdo ni pensar igual. Para muchas parejas, es difícil superar eso.

Cuando una persona amenaza o apremia a la otra a que se rinda, el desequilibrio de poder da como resultado una situación en la que uno pierde, y el otro gana. Quedar en ventaja puede parecer una victoria en el momento, pero se pierden la buena voluntad y la confianza, y al poco tiempo, el matrimonio tendrá graves problemas.

La intimidación nunca es buena, por eso ambos cónyuges deben expresar sus necesidades y emociones legítimas. El martirio no tiene cabida en una relación sana. Cuando complacer a otros le hace daño (que por cierto es el título de un libro que publiqué hace poco), usted tiene problemas. A menos que revele sus verdaderos pensamientos y deseos, terminará sintiéndose resentido y mal entendido.

Un proceso justo

Creighton explica que la segunda manera de usar el poder legítimo es *insistir en un proceso que sea justo para ambos*. Él argumenta que los dos deben tener acceso a la misma información y la misma oportunidad para influenciar el resultado.

Por ejemplo, un cónyuge está usando un proceso injusto cuando usa a su familia para atacar en grupo contra la otra persona. Usar la intimidación o la vergüenza para que la otra persona esté de acuerdo no es un proceso justo. Cuando usted usa el poder de manera responsable, dice lo que siente, piensa y quiere, y permite —incluso exhorta— a su cónyuge a hacer lo mismo.

¿Cómo sería la situación de Tomás y Bárbara si ellos hubieran seguido estas directrices?

- En vez de discutir entre ellos sobre si Tomás tenía o no una aventura, acordarían crear un ambiente donde ella confiara en él.
- En vez de que Tomás se pusiera a la defensiva e insultara a Bárbara, reconocería sus sentimientos, atacaría a su enemigo común —la desconfianza— y la ayudaría a buscar soluciones.
- Tanto Tomás como Bárbara compartirían sus sentimientos, se pedirían mutuamente lo que necesitaran sin temor a la represalia y sin culparse el uno al otro.
- En vez de usar generalizaciones amplias, como "siempre" y "nunca", tendrían cuidado de hacer afirmaciones precisas que reflejaran cómo veían las cosas.
- Estarían más de acuerdo en centrarse en el verdadero problema que tenían entre manos y permanecer en el tema.
- En vez de enojarse y lanzarse diatribas, acordarían tomar un descanso cuando las cosas se pusieran al rojo vivo.
- Reconocerían sus diferencias y su derecho a tenerlas.

Las directrices para pelear limpio, casi siempre son difíciles de seguir. Nadie quiere ser razonable en el calor del momento. Preferimos accionar el detonador y que los residuos salgan volando. Pero después lamentamos nuestras acciones y las palabras dichas apresuradamente.

Lo que se puede predecir se puede prevenir

Hasta con las mejores directrices suceden los conflictos, conflictos rebeldes, imposibles de manejar, feos y terribles. Muchas veces tiramos la cautela por la ventana y accionamos el detonador. Recuerde que si toma ese camino, necesitará estar preparado para aceptar las consecuencias. ¡Y no van a ser agradables!

Si desea un enfoque más productivo, pruebe algunas herramientas nuevas. Considere que puesto que el conflicto es predecible, también se puede prevenir. Al observar cómo pelean usted y su cónyuge, puede cambiar el resultado.

Así es. Fíjese en los patrones de sus conflictos. Repase la lista de errores graves que cometen las parejas y marque aquellos que se aplican a usted y a su cónyuge, y pónganse de acuerdo en que los van a cambiar. Después que usted y su pareja hayan trazado sus patrones particulares, estarán listos para practicar una técnica muy potente llamada *interrupción del patrón*. El propósito de esta técnica es alterar el patrón. La manera en que lo alteran no es tan importante como hacerlo en sí.

Por ejemplo, si su patrón es accionar el detonador, póngase de acuerdo con su cónyuge en que tomará un receso inmediato antes de hablar de un tema emocional. Si su cónyuge por lo general acciona el detonador, pídale que lo acompañe a una parte diferente de la casa antes de seguir la discusión. Tal vez usted y su cónyuge harían bien en orar un poco antes de tener una conversación que saben que va a ser "candente". Un versículo muy útil para repasar en estos momentos es Efesios 4:29: "Ninguna palabra corrompida salga de vuestra boca, sino la que sea buena para la necesaria edificación, a fin de dar gracia a los oyentes".

Como consejero, encuentro que ese pasaje es crucial. De hecho, podría ser el consejo más útil en el tema de la comunicación que yo haya encontrado, sobre todo en lo que respecta a accionar el detonador. Si las parejas se adhirieran al consejo de Pablo, literalmente podrían cambiar la dirección de una relación del desastre al deleite.

Considere lo que podría suceder si Bárbara y Tomás solamente usaran palabras que fueran sanas, beneficiosas y edificantes. ¿Qué acontecería si erradicaran las palabras dañinas de sus vocabularios? De seguro que Tomás no insultaría ni asaltaría a Bárbara de ninguna manera. Asimismo, Bárbara nunca lo heriría con acusaciones injustas y más bien se limitaría a concentrarse en aquellas cosas que fortalecieran su relación, no que le hicieran daño. Ambos se cuidarían de no usar palabras que tuvieran el propósito de atacar y destruir.

Bárbara y Tomás tenían un trabajo muy difícil que hacer. Tenían que interrumpir los patrones ineficaces que habían aprendido de sus padres. Practicaron llevar más despacio el ritmo de sus discusiones y escuchar con atención los sentimientos de la otra persona. Trabajaron en detectarse mutuamente cuando trataban sus problemas de una manera desproporcionada usando generalizaciones para describir las acciones de la otra persona. Practicaron no accionar el detonador. Con el tiempo, pudieron encontrar soluciones que dieran resultado para ambos. Tomás cambió su agenda para que Bárbara no se pusiera celosa. Le habló más de su vida de trabajo para que ella supiera lo que estaba sucediendo. Al mismo tiempo, Bárbara practicó confiar en Tomás a medida que su conducta cambiaba.

Lo que a Bárbara y a Tomás les dio resultado, tal vez no dé resultado para usted. No hay una sola receta que surta efecto para todos. La clave es estar dispuestos a probar algo nuevo. Detecte los patrones destructores y trabaje para cambiarlos. Experimente con diferentes herramientas constructivas y de seguro encontrará una que le dé resultado.

Pero ¿y si es el único que está leyendo este libro? ¿Es irremediable la situación? Por supuesto que no. Recuerde que la única persona que usted puede cambiar es usted. Entonces, ¿por qué no empezar ahí? ¿Por qué no ajustar la manera en que se relaciona con su cónyuge y ver lo que sucede?

A medida que detecte los patrones, examine qué papel desempeña usted en los problemas. Fíjese si usted acciona el detonador e identifique qué es lo que desencadena esa acción. Asimismo, observe cómo reacciona cuando su cónyuge lo acciona. Luego cambie su respuesta.

Pruebe la paciencia

¿Por qué accionamos el detonador? En realidad, esa pregunta tiene muchas respuestas. Sin embargo, a la larga, lo hacemos porque, como dice Santiago, queremos que las cosas salgan a nuestra manera. Nos consumimos con nuestro propio poder, deseando lo que deseamos, cuando lo deseamos. ¿Cómo se atreve alguien a cruzarse en nuestro camino? Exigimos que nos entiendan. Exigimos que los demás estén de acuerdo con nosotros. Sí, *exigimos*.

Pero en vez de exigir y de promover nuestros intereses de manera impaciente, ¿qué le parece si practica la paciencia? ¿Qué le parece si ora a Dios para que cambie su corazón de manera que usted sea generoso con aquellos a quienes más ama? ¿Y si le pide a Dios que le ayude a entender el corazón de su cónyuge? ¿Y si orara, y pusiera en práctica, el fruto del Espíritu?

Considere lo que dijo el apóstol Pablo. En lugar de "las obras de la carne", las cuales incluyen "...enemistades, pleitos, celos, iras, contiendas, disensiones, herejías", ¿qué le parece si practicáramos lo opuesto? "Mas el fruto del Espíritu es amor, gozo, paz, paciencia, benignidad, bondad, fe, mansedumbre, templanza; contra tales cosas no hay ley" (Gá. 5:19-23).

En lugar de accionar el detonador, considere orar por paciencia, y el fruto del Espíritu de seguro se manifestará en usted.

Considere pedirle a Dios que le muestre cómo es vivir con usted. Que le abra los ojos a las cualidades que usted aporta a su matrimonio y que abra su corazón a las estrategias necesarias para mejorarlas. Usted es únicamente la mitad de la ecuación, pero es *una* mitad, y el cambio positivo puede comenzar con usted.

Capítulo 2

Bájese de esa nube:
Evitar los problemas puede perjudicar su matrimonio

Y yo rogaré al Padre, y os dará otro Consolador, para que esté
con vosotros para siempre: el Espíritu de verdad...
JUAN 14:16-17

———— ⚮ ————

Hasta aquí, usted ya ha decidido no accionar el detonador. La destrucción que ocurre cuando uno o ambos cónyuges detonan explosivos emocionales es evidente. La herida que causan el sarcasmo, los insultos y los otros hábitos horribles hace un estrago que las personas no olvidan ni perdonan fácilmente. Aunque tal vez usted sienta una dulce sensación de venganza cuando ataca a su pareja, sabe que a la larga tendrá que arreglar muchas cosas. El costo de la destrucción no vale la pena.

¿Y el poder destructor de un hábito al otro lado del péndulo? En vez de hacer una montaña de un grano de arena, algunas personas tapan el sol con un dedo. Ese grave error es como escuchar el ruido de muchos elefantes en una habitación e insistir en que se trata de un trueno lejano. Hacer caso omiso de los problemas puede ser tan destructor para un matrimonio como exagerar desproporcionadamente los conflictos. Veamos.

Eugenio y Samanta parecían ser una linda pareja. Acudieron a su primera cita tomados de la mano y sonriendo cálidamente. Él era un hombre robusto que llevaba botas de vaquero, una brillosa hebilla plateada en el cinturón y una camisa de manga larga típica del oeste americano. Lo único que le faltaba en su atuendo era el sombrero.

Su apretón de manos y su saludo fueron efusivos. Su disposición de ánimo no comunicaba la renuencia que la mayoría de los hombres lleva a su primera sesión de consejería.

Samanta también era cálida y amigable. Tenía una contextura media, pelo rubio hasta los hombros y una falda corta. Su pintalabios rojo hacía juego con el esmalte de las uñas.

Para Eugenio y Samanta, este era su segundo matrimonio. La hoja de admisión decía que ellos tenían "unos problemitas" en los que querían trabajar. Sus primeros matrimonios habían sido duraderos, y en ambos casos, sus cónyuges los habían dejado por otra persona. Llenos de amargura y desconfianza, ambos permanecieron solteros durante muchos años hasta que se conocieron en el grupo de solteros de su iglesia. Fue amor a primera vista y se casaron pocos meses después.

"¿Para qué esperar? —dijo Eugenio cuando le pregunté acerca de su primer encuentro—. Yo sabía que ella era la mujer para mí".

Ahora que tenían cuarenta y tantos años, era evidente que Eugenio y Samanta se querían. Acudieron a la sesión como si nada estuviera pasando, y yo comencé con esa perspectiva también, aunque mi opinión cambió al poco tiempo.

—Y bien, ¿que los trajo aquí? —dije yo.

—Pues, verá —dijo Samanta tentativamente, sonriendo a Eugenio—. Tenemos una relación fantástica. Pero creo que Eugenio tiene un problema.

—No que yo sepa —contestó Eugenio sonriéndole a ella también—. No creo que sea nada que no podamos resolver, pero Samanta insistió en que viniéramos aquí a una o dos sesiones. No se ofenda, doctor, pero no creo mucho en los psicólogos. Creo que podemos resolver nuestros problemas. Sin embargo, estoy dispuesto a consultar a un psicólogo si mi amorcito así lo quiere.

—Gracias por eso, Eugenio. Entonces, debe haber ocurrido algo para que aceptaran venir.

—No realmente. Ella lo vale.

Eugenio estiró la mano y le dio un golpecito a Samanta en la rodilla.

Yo permanecí callado, esperando que ellos hablaran del verdadero problema por el que habían procurado la consejería. Ambos parecían renuentes a decir algo más. Finalmente, rompí el silencio.

—Entonces, ¿cuál es el problema que exige nuestra atención?

—A Eugenio le gusta jugar *blackjack* en el casino —dijo Samanta de repente—. Yo creo que es un problema. Pero él no lo ve así.

—Una vez a la semana más o menos, me gusta ir al casino y jugar a las cartas. Pero yo controlo lo que gasto.

—¿Realmente has explicado todo? —preguntó Samanta.

—Hasta donde yo sepa, sí.

—¿Y tú no estás de acuerdo, Samanta? —pregunté yo.

—No exactamente. Por lo general, termina siendo la noche completa, muchas veces dos noches a la semana. Se gasta toda su paga, y no podemos costearlo.

Eugenio se alteró.

—¿Cuándo fue la última vez que me gasté todo en el casino?

—¿Recuerdas hace tres semanas cuando te llamé al teléfono celular y todavía estabas jugando cartas a las once de la noche?

Eugenio hizo todo lo posible por descartar la crítica de Samanta.

—No sucede a menudo. Dije que iba a mantener un control y lo he hecho.

Samanta me miró con un gesto de dolor.

—¿Le parece que tenemos problemas? —preguntó.

—No he escuchado lo suficiente como para llegar a esa conclusión —dije yo—. Lo más importante es si ustedes creen que hay un problema.

Después de haber dicho eso, me pregunté si era verdad. ¿Puede una pareja siempre determinar si hay un problema? ¿O debe alguien que está fuera de la relación opinar acerca de lo que podría ser lo mejor? Sé que cuando me siento enfermo, no soy la persona que mejor puede determinar lo que me aqueja.

—Él no lo ve como problema —dijo Samanta—, y yo no estoy segura. Dice que el juego forma parte de hacer vida social con los amigos. ¿Cómo sabemos si es verdad?

—Examinemos este asunto más de cerca. Tal vez podamos llegar a una conclusión en cuanto a si es o no un problema que necesita nuestra atención.

Pasé el resto del tiempo explorando tanto su relación como "el problema", más detalladamente. Lo que descubrí me sorprendió.

Eugenio era un jugador y alcohólico empedernido. No solo le gustaba jugar *blackjack*, como dijo al principio, sino que le gustaban otros juegos de azar. Iba a las carreras muchos sábados. Con renuencia admitió que se había gastado muchos sueldos en el juego y, que en cierta manera, había sido responsable del fracaso de su primer matrimonio, aunque hizo hincapié en que la relación terminó porque su ex esposa se había enamorado de otro hombre.

También me sorprendió la respuesta de Samanta. Cuando la verdad salió a la luz, ella parecía decidida a respaldar a su esposo. Expresó solo una preocupación mínima por sus problemas con las apuestas. Dijo que estaba orgullosa de él por aceptar acudir a la sesión. Hizo el comentario de que Eugenio no se había gastado el sueldo en las apuestas durante un mes más o menos. Hizo grandes esfuerzos por evitar ser sumamente crítica de su conducta. Era evidente que estaba facultándolo en su adicción.

Me alarma cuando veo esa conducta evasiva que Samanta mostró respecto a la adicción de Eugenio a las apuestas. Puede que otros vean sus excusas para el comportamiento de Eugenio como ejemplos de amor y respaldo, pero pienso que es todo lo contrario. Admitir solo de boquilla un problema, que está perjudicando una vida y amenazando un matrimonio, equivale a encogerse de hombros cuando su hijo diabético se niega, una y otra vez, a administrarse insulina. Nunca dejaríamos que nuestros hijos participaran en ese tipo de conducta autodestructiva, sin embargo, tal vez estemos dispuestos a mirar para otro lado cuando nuestros cónyuges se niegan a asumir la responsabilidad de su comportamiento catastrófico.

Ya me imagino las respuestas. "Pero doctor Hawkins, no puedo cambiar la conducta de mi pareja. Tengo que dejar que resuelva sus propios problemas".

En otros libros, como *Cuando complacer a otros le hace daño*, he tratado extensamente este tipo de conducta. He demostrado con claridad la gran diferencia que existe entre tratar de controlar la adicción o la conducta destructiva de otra persona, y tan solo meter la cabeza en un hoyo e ignorar la situación. Ambas son conductas extremas que prácticamente no conducen a nada.

Solo queda una solución. Tiene que decir la verdad a su cónyuge y afirmar claramente cómo ve el problema y el efecto que está causando en usted y en su familia. Y luego debe exponer sus expectativas. No tiene otra opción: tiene que hacer que su cónyuge rinda cuentas de sus acciones. Esperar menos que eso es codependencia, y a pesar de sus deseos opuestos, solo empeorará el problema. Hacer caso omiso de las cosas que hay que abordar nunca es la solución. Solo empeora las cosas.

Cuando descubrí la gravedad de los problemas de Eugenio y Samanta, me dio la impresión de que tenía poco tiempo para trabajar con ellos —tal vez aquella única sesión— para marcar una diferencia, porque ambos estaban muy concentrados en negar el problema. Ambos lo veían como un problemita que podían resolver fácilmente. Ninguno de los dos quería entrar en conflicto. Los dos evitaban con cuidado usar la palabra *adicción* para describir las apuestas de Eugenio. Reconocerlo como tal muy probablemente exigiría una medida drástica, medida que no estaban preparados para tomar.

Mientras compartía mi percepción del problema y cómo este se afianza y debilita a las personas, me di cuenta de que Eugenio y Samanta se habían ido emocionalmente de la habitación. No querían escuchar lo que yo tenía que decir. A pesar de que Samanta había dicho que estaba interesada en una opinión profesional, no quería escuchar la verdad. Me imagino que Eugenio había oído antes muchas veces que su bebida y sus apuestas podían arruinar su vida a menos que tomara alguna medida. Pero hasta el momento, él no había tocado fondo. Hasta ese momento, su vida no se había derrumbado lo suficiente como para que él deseara un cambio significativo.

Cuando se fueron de mi consultorio, prometieron considerar lo que yo había dicho: tenían que hacer cambios grandes o de lo contrario enfrentarían graves consecuencias en el futuro. Les dije, con el mayor tacto que pude, que evadir los verdaderos problemas no les haría ningún bien. Necesitaban una cirugía mayor si querían arrancar de raíz el cáncer de su matrimonio.

Incongruencia

Mientras observaba a Eugenio y a Samanta en mi consultorio aquel día, el gran nivel de negación de Eugenio no me sorprendió tanto como la aparente ingenuidad de Samanta. ¿En qué estaba ella pensando? ¿Cómo es posible que supiera lo que sabía y no reconociera lo grave que eran sus problemas?

Además de su ingenuidad y negación, me impresionó la incongruencia entre sus palabras y sus emociones. Desde su decisión de procurar una opinión profesional hasta su rápido escape de mi consultorio, demostraba una molesta incongruencia.

Recuerdo conversaciones que sostuve con una colega que trabajaba en el consultorio de un oncólogo como trabajadora social. Algunos de sus pacientes llegaban llenos de temor y seriedad. Necesitaban la seguridad de que los médicos harían todo lo posible. Otros parecían despegados del proceso, lo cual era inquietante. Llegaban sonriendo, como si fueran a comprar un auto nuevo y no tuvieran nada de qué preocuparse. Siempre que ella veía esa conducta, sabía que le iba a ser difícil penetrar en su negación para que pudieran abordar con sinceridad el problema que tenían.

Supuse que Samanta se sentía ambivalente acerca de su esposo y la conducta de él. Después de todo, ella tenía mucho que arriesgar. Para que no seamos demasiado duros con Samanta, debemos recordar que todos nosotros luchamos con una incongruencia incómoda. Muchas veces decimos que creemos una cosa, pero hacemos algo totalmente distinto. Nos preparamos con audacia para enfrentar un problema y luego no lo hacemos por temor. Igual que Samanta, anunciamos que estamos listos para defender lo que creemos, pero luego nos retiramos porque el costo del cambio es demasiado alto. Los granos de arena son más fáciles de escalar que las montañas.

Las ranas en la olla

Mientras observaba a Eugenio y a Samanta dirigirse hacia la calamidad segura, pensé en la vieja historia de las ranas en la olla.

Echaron a un grupo de ranas en una olla de agua hirviendo. Como tenían buen juicio, de inmediato salieron de un salto para protegerse. No necesitaron un grupo de discusión ni una reunión de la junta para llegar a esa decisión. El dolor era agudo e instructivo. *Más vale que nos salgamos de aquí si queremos vivir*, se dijeron.

En otra ocasión, a las mismas ranas se las colocó en una olla de agua fría. Al poco tiempo, algunas comenzaron a notar un aumento paulatino de la temperatura.

Rana 1: Parece que empieza a hacer calor aquí.

Rana 2: Te estás imaginando cosas.

Rana 3: No es más que la temperatura del aire. Estamos bien.

Rana 1: Pues, juraría que esto se está calentando, pero tal vez ustedes tengan razón.

Según la historia, la primera rana opta por seguir a la multitud. Las ranas no tenían ni idea del peligro en el que estaban ni de su eventual fallecimiento.

Los resultados de los estudios realizados parecen confirmar esta fábula. Mientras hacía mi postgrado en psicología, aprendí que hay animales que permanecen en situaciones letales cuando el peligro se acerca poco a poco.

A medida que considera la situación de Eugenio y de Samanta, o tal vez la de las ranas, quizá crea que usted es inmune. Piénselo bien. Pregúntese si su matrimonio tiene problemas que usted espera que desaparezcan milagrosamente. Considere cómo se podrían aplicar las siguientes posibles "ranas en la olla" a su pareja:

- mirar pornografía;
- gastar sin control;
- hacer ejercicio en exceso como una forma de luchar contra la depresión;
- caminar de puntillas delante de su pareja para evitar la ira;
- excusar el uso del alcohol de su pareja;
- trabajar en exceso;
- sospechar infidelidad y temer hablar de ello;
- comer en exceso y luego purgarse y negar el problema;
- evadir hacer frente al hecho de que su relación sexual va en disminución.

Encontrará "ranas en la olla" dondequiera que encuentre negación, no dar importancia a las cosas o evasión de un conflicto. No asumir la responsabilidad plena de nuestros problemas conduce invariablemente a problemas mayores.

Pregúntese: *¿Qué aspectos de mi matrimonio tiendo a evitar? ¿Qué problemas tengo que afrontar hoy?*

El deleite de la negación

El hecho de que las parejas eviten los problemas graves es claramente peligroso, por eso uno se pregunta por qué la negación es tan rampante. Las personas pocas veces entienden la negación en el momento en que se produce. Solo mirando atrás, podemos ver el poder y el daño que causa la negación. Después de todo, cuando vivimos en negación, no admitimos el poder del problema. Nosotros también nos cegamos por la niebla y no vemos nada con claridad.

Muchas veces he escuchado a personas que recuerdan cosas de su vida, reflexionan en cómo se enamoraron de una situación o de una persona en particular y no vieron el lado oscuro hasta meses después, cuando estaban totalmente inmersos en el problema. La mujer que se enamora como una adolescente de un hombre deslumbrante se da cuenta a veces de que ha proyectado muchas cualidades maravillosas en él porque quería un príncipe azul. Posteriormente, a la hora de la verdad, ve su megalomanía y su egocentrismo, y siente resentimiento hacia él por ello. La realidad choca con los muros de la negación.

La negación me pegó el golpe más fuerte de mi vida hace más de veinte años, cuando estaba cursando mi doctorado. Tomé la decisión de volver a estudiar con la plena cooperación de mi familia. Sin embargo, entonces no veía —como lo veo ahora— los estragos que los estudios y mi adicción al trabajo causarían en mí y en las personas a quienes amo.

Cuando finalmente decidí volver a estudiar, me pareció que debía continuar trabajando para que mi familia pudiera seguir disfrutando de un estándar de vida razonable. No obstante, opté por trabajar en mi consultorio desde el amanecer hasta el anochecer, seis días a la semana. A medida que las exigencias de los estudios y el trabajo aumentaron, hice caso omiso de los insidiosos efectos negativos que causaban en mi salud, matrimonio y familia. Me inventé toda clase de excusas para trabajar tan arduamente como lo hacía, y todas eran formas diferentes de negación.

Me decía a mí mismo y le decía a mi familia, con bastante énfasis, que mi arduo trabajo era para ellos, no para mí. Me engañaba creyendo que mi compromiso con el trabajo era virtuoso y me enorgullecía de las largas horas que le dedicaba.

No tenía meta. Cuanto más trabajaba, más cosas quería alcanzar. Mi conducta se volvió adictiva. Me había subyugado completamente —y por extensión, había subyugado a mi familia— al poder y la influencia de trabajar más horas y ganar más dinero. Al mismo tiempo, me decía a mí mismo que me estaba sacrificando por el bien de mi esposa y de mis hijos. Aquel era un acto increíble de autoengaño porque, en realidad, solo estaba tratando de agradarme e impresionarme a mí mismo. Igual que Scrooge, el personaje de Dickens con su pila de monedas de oro, contaba las horas que trabajaba y tabulaba el dinero que ganaba.

Mis amigos y familiares intentaron advertirme acerca de los peligros de trabajar y estudiar tanto, pero yo me negaba a escucharlos. Quería trabajar muchas horas, quería demostrarme a mí mismo y a los demás que lo podía hacer. Quería ganar tanto dinero como pudiera y forzar mi cuerpo al límite. Era muy engreído y tenía una total negación.

Ahora recuerdo esos años con gran arrepentimiento. A pesar de que he logrado mucho, también me perdí muchos momentos especiales en la niñez de mis hijos. Dejé de asistir a juegos de fútbol y reuniones para padres de la escuela, y de meter a mis hijos en la cama. El estrago que causó en mí y en mi familia fue enorme. Mi salud se debilitó, mi matrimonio se afectó, y mi vida espiritual se volvió vacía.

Ahora miro hacia atrás con tristeza y arrepentimiento porque soy plenamente consciente de que a mis hijos no les importaba el dinero. Tan solo querían pasar más tiempo con su padre. Reaccionaron a mis largas ausencias apegándose mucho a mí a veces y otras veces, siendo distantes. Tyson, mi hijo menor, se quedaba despierto hasta altas horas de la noche esperando a que llegara para orar conmigo.

En aquella época, yo daba gracias por aquellos hermosos momentos. Pero ahora veo que mi egoísmo ponía en mi hijo una carga injusta sobre sus hombros. Él extrañaba a su padre y sacrificaba su sueño para pasar unos minutos conmigo. Ojalá yo hubiera estado dispuesto a dar tanto.

La distancia entre nosotros muchas veces era difícil de manejar. Las noches en las que estaba en casa, mis hijos a veces me trataban como si yo fuera un invitado inesperado. A veces, las conversaciones durante la cena parecían reprimidas, como si yo interrumpiera el flujo natural de la familia. Ellos tenían un ritmo, y yo no estaba incluido. Cuando yo estaba presente, la vida era rara para todos nosotros. Hasta recuerdo veces en que mis hijos decían: "Papá, ¿qué estás haciendo en casa?", como si yo no hubiera sido uno de ellos. Lo que aquella pregunta implicaba me hacía retroceder. "Quiero estar con mi familia", respondía, sintiéndome herido y molesto al mismo tiempo.

¿De verdad iban tan mal las cosas que mis hijos no estaban seguros del papel que desempeñaba su padre en la familia?

Josh, mi hijo mayor, me reemplazó con actividades extras. En aquel momento, me dije a mí mismo que su interés en los deportes y en otros pasatiempos era saludable. Ahora veo cuánto necesitaba él una relación sana con su padre. En vez de practicar béisbol conmigo, pasaba el tiempo practicando con el padre de otro niño. En vez de jugar al fútbol conmigo en el patio, su compañía eran los juegos de video en nuestro sótano.

El impacto en mi matrimonio fue inconmensurable. Traté de calmar la ira de mi esposa insistiendo en que mis ausencias no tenían por qué tener un efecto negativo en nuestra relación. Por supuesto, ese era un argumento absurdo. ¿Cómo podía ser normal o sano nuestro matrimonio si yo ni siquiera estaba presente para participar en él?

Acordamos muchísimas cosas y le prometí reducir mi semana de trabajo. Era como un alcohólico que trata de hacer tratos acerca de la bebida. Ella intentaba negociar conmigo, aunque sus palabras pocas veces me causaban efecto. Las promesas que se hicieron de manera simple se incumplieron. El efecto inevitable fue que los vínculos que nos unían cada vez eran más débiles. La risa dejó de formar parte de nuestra vida. Más bien parecía que una tensión insidiosa acechaba siempre en las sombras.

Dios también recibía menos de mí. Puesto que yo estaba ausente de mí mismo, apenas podía estar presente plenamente para mi esposa, mis hijos o mi Dios. Seguía amando a Dios, pero solo le daba las sobras de mi vida. Tal como había hecho con mi esposa, también le hice promesas al Señor. Y claro, las incumplí sin pensarlo dos veces. Acorté mis horas de oración, limité mis estudios bíblicos, y mi otro dios, el trabajo, tenía preferencia sobre la comunión con los demás. Al mismo tiempo, me desgastaba más por dentro.

Desafortunadamente, mi adicción al trabajo no se aplacó, ni siquiera cuando empecé a darme cuenta de su efecto. Absorto en mi negación, hice caso omiso de las confrontaciones de mi familia. Fue años después, cuando mi organismo comenzó a pedir alivio a gritos, que llegué a comprender los efectos de la adicción al trabajo. Fue entonces cuando admití que no podía seguir trabajando con el ritmo que había mantenido durante tantos años.

No me rendí a las limitaciones naturales sin pelear. Luché como lucha un boxeador mucho después de su mejor época. Durante muchísimo tiempo, sentí que mi cuerpo me traicionaba. ¿Cómo podía ser que aún quería seguir trabajando tan arduamente, pero no podía hacerlo debido a las limitaciones físicas? Mi resistencia había desaparecido, y mi necesidad de sueño y descanso había aumentado, sucesos normales a los que antes no había hecho caso. Aun así, me quejaba de los que podían trabajar largas horas sin ningún efecto negativo aparente. No era justo.

En muchas formas, yo era como un buzo de aguas profundas, tan absorto en el buceo que no tuve en cuenta la desorientación y "me olvidé" de atender el llamado para que volviera a la superficie a recibir oxígeno. Esos buzos están sumamente concentrados, pero en las cosas erradas. Calculan mal el tiempo que les queda. En resumen, no son rigurosamente sinceros con ellos mismos. Cuando estamos soñando en una nube y evitando nuestros problemas, no estamos abordando la tarea que tenemos a la mano, y los resultados pueden ser desastrosos.

Por fortuna, con el tiempo escuché la alarma. Me vi obligado a cambiar mi estilo de vida para salvar mis relaciones familiares, pero no sin las consecuencias de años de descuido.

Por lo general, la derrota tiene que abofetearnos muchas veces antes de que entendamos: *Este camino te va a causar mucho dolor si no cambias de conducta.* Si seguimos subidos en nuestra nube, como si pudiéramos tapar el sol con un dedo, a la larga tendremos consecuencias terribles.

El baile del engaño

Aunque tal vez estemos prestos a aceptar que la franqueza es la mejor política, seguimos resistiéndola. Seguimos evitando hablar con nuestra pareja de una manera franca y directa. Desde el fiasco del huerto, nos hemos estado ocultando.

Dios intentó tener un encuentro sincero con Adán y Eva, pero ellos estaban tan ocupados culpando a otros que nunca fueron honestos acerca del problema del pecado. Creo que a las personas siempre les será difícil decir la verdad. Creo que estamos destinados a usar grandes cantidades de energía para presentarnos bajo la luz más favorable. Parece que tenemos una naturaleza arraigada que nos lleva a ver a los demás como culpables y a nosotros, como víctimas. Con esa postura, la verdad no tiene posibilidades.

Cuando paso horas aconsejando a parejas casadas, veo personas que esquivan y serpentean en el baile del engaño. Muchas veces no quieren cambiar. Más bien esperan que otros cambien para que satisfagan sus necesidades. No quieren concentrarse en su parte del problema. Quieren concentrarse en cómo otras personas los han victimizado. Puesto que quieren una salida fácil, ceden lo menos posible y ganan tanto terreno para sí como pueden.

Aparte un momento para considerar su propio matrimonio. ¿Cuánto está realmente dispuesto a compartir con su cónyuge? ¿Qué tan sinceros son acerca de los problemas que existen en su relación? ¿Con qué facilidad aceptan la responsabilidad de sus malas acciones? ¿Con qué facilidad piden perdón? Me imagino que estará de acuerdo conmigo en que la transparencia es difícil de encontrar en un matrimonio.

Sam Keen, en su libro titulado *Amar y ser amado*, dice lo siguiente:

El amor es el movimiento original, y el único que sigue existiendo, sobre la libertad de expresión. Desata la lengua, nos permite hablar de cualquier cosa, crea palabras sanas. En los tribunales, nunca se dice la verdad, toda la verdad y nada más que la verdad. Solo se puede decir dentro de un santuario creado por aquellos que se quieren mutuamente de manera incondicional.[1]

Solo los que se quieren de manera incondicional pueden decirse la verdad mutuamente. Decimos la verdad cuando el poder de Dios está obrando en nuestra vida.

"Pero si andamos en luz, como él está en luz, tenemos comunión unos con otros, y la sangre de Jesucristo su Hijo nos limpia de todo pecado" (1 Jn. 1:7).

El poder de la codependencia

Samanta en realidad no quería saber la verdad del problema de Eugenio. Después de todo, había perdido en el amor antes y temía perder otra vez. Sus heridas finalmente comenzaban a sanar, ahora que había encontrado a alguien que la quería y que había prometido no dejarla nunca. Sin embargo, el amor y la dedicación de Eugenio tenían un precio.

Debido a su deseo de tenerlo todo, de estar enamorada y vivir feliz para siempre con su caballero andante, se negaba a ver las abolladuras de su armadura. Se negaba a ver lo que era evidente para la mayoría de los espectadores.

A pesar de todas sus características positivas, la relación de Samanta con Eugenio estaba dominada por su *codependencia*. La codependencia es *todo intento de hacer caso omiso a las debilidades de otra persona, lo cual las refuerza*. Su mundo de codependencia significaba que ella había optado por no ver completamente la verdad de la adicción de Eugenio a las apuestas y el alcohol.

Permitir la codependencia en el matrimonio es un error grave. Es un problema que tapa el sol con un dedo. En vez de procurar una cura contra el cáncer, no le hace caso. Deja a los cónyuges incapaces de buscar la intimidad porque no son verdaderamente sinceros el uno con el otro.

En su maravilloso libro titulado *Coupleship* [El mundo de las parejas], Sharon Wegscheider-Cruse nos dice cómo superar la codependencia en el matrimonio. La autora cree que se pueden corregir muchos problemas en el matrimonio si la pareja acepta poner en práctica los siguientes valores:

- *Franqueza en cuanto a los sentimientos.* Las parejas expresan sentimientos de pasión así como de vulnerabilidad. Se dan permiso para expresar el enojo, el desencanto y los celos. Además, cada uno está dispuesto a hablar de sentimientos de dolor, culpa, insuficiencia y temor.
- *Valor.* Ambos contribuyen a la relación incluso si es difícil hacerlo. No esperan más de la relación de lo que están dispuestos a dar.
- *Espontaneidad.* A pesar de que cada uno respeta y valora las responsabilidades y los compromisos de los demás, cada uno está dispuesto a poner un alto en las actividades propias para responder a deseos o necesidades del otro.
- *Responsabilidad.* A medida que nos volvemos más conscientes del efecto que causamos en los que nos rodean, podemos responder con amor. Una vez que aprendemos a decir "No entiendo", "Perdón", "¿Me lo repites, por favor?" o "Yo tuve la culpa", todas esas admisiones y respuestas se vuelven más fáciles. Nos damos cuenta de que nuestras metas son la cercanía, el apoyo y la intimidad, y no la victoria, el poder y el control.
- *Diversidad.* Cuando llegamos a conocer bien a otra persona, descubrimos ideas, pensamientos y valores que son un poquito diferentes (o tal vez muy diferentes) de los nuestros. Podemos apreciar la diversidad humana en vez de tener que derrotarla o sentirnos inadecuados.[2]

A la codependencia se la ha llamado "la urgencia de encajar". Deseamos mucho encajar para no decepcionar a otra persona. No nos atrevemos a arriesgarnos a que alguien se enoje con nosotros ni desdeñe nuestra opinión. Sin embargo, ese deseo de evitar incomodidades, a la larga, sabotea un matrimonio. Se convierte en una barrera a la interacción franca y saludable en toda relación.

Harriet Lerner, en su libro titulado *La danza de la ira*, da otra razón por la que las personas temen la franqueza. Ella cree que uno de nuestros mayores temores es el miedo a la separación.

> Es posible que la ansiedad que causa la separación se apodere de nosotros cuando cambiamos a una posición más autónoma dentro de una relación, en la que no se puede culpar a nadie, o incluso cuando simplemente consideramos la posibilidad. A veces esa ansiedad se basa en un temor realista de que si asumimos una postura terminante ("Lo siento, pero no haré lo que me pides"), corremos el riesgo de perder una relación o un empleo. Más a menudo, y de una manera más importante aún, la ansiedad causada por la separación se basa en una incomodidad subyacente con la separación y la individualidad, que tiene sus raíces en nuestra experiencia familiar temprana, donde la expectativa silenciosa puede haber sido que mantuviéramos reprimidas nuestras expresiones del yo. Las hijas son especialmente sensibles a esas exigencias y pueden llegar a ser mucho más habilidosas en la protección del "nosotros" de una relación que en la afirmación del "Yo" autónomo.[3]

¿Quién no se puede identificar con el interés de proteger el *nosotros* de una relación? ¿Quién entre nosotros no está preocupado por mantener una relación al menos estable, por no decir cálida y acogedora? A pesar de que debemos preocuparnos por mantener sanas nuestras relaciones, no podemos lograr la sanidad si sacrificamos la sinceridad y el contacto saludable.

División en vez de paz

Cristo enseñó mucho acerca de estar en paz con los demás. Pero también enseñó sobre la división. Él nos corrige para que veamos las cosas como son y hagamos algo al respecto.

> "Fuego vine a echar en la tierra; ¿y qué quiero, si ya se ha encendido?... ¿Pensáis que he venido para dar paz en la tierra? Os digo: No, sino disensión. Porque de aquí en adelante, cinco en una familia estarán divididos, tres contra dos, y dos contra tres. Estará dividido el padre contra el hijo, y el hijo contra el padre; la madre contra la hija, y la hija contra la madre; la suegra contra su nuera, y la nuera contra su suegra" (Lc. 12:49-53).

¡Caray! Esas palabras tienen que haber hecho temblar nuestros escondites codependientes. Su mensaje nos reta en lo que respecta a la franqueza y las diferencias. A veces tenemos que decirlo como es, y andarnos con rodeos no logrará nada. De vez en cuando, debemos mirar a nuestro cónyuge a los ojos y decir que no estamos contentos con la manera en que están las cosas. No aprobamos cómo bebe en exceso, gasta, trabaja, usa drogas, engaña y sí, incluso cómo evita el conflicto. No podemos aceptar más el silencio. Pase lo que pase, es hora de hablar.

Cristo abordó en varias oportunidades la tensión entre la verdad y el engaño, entre la luz y la oscuridad. Muchas veces nos vemos tentados a restar importancia a los problemas, a ocultar las acciones que sabemos que son vergonzosas. Sin embargo, también sabemos por intuición que hacerlo —ocultar nuestras obras malas— es sacar a relucir más vergüenza y distancia en nuestro cónyuge. Escuchemos de nuevo las palabras de Cristo:

> "...la luz vino al mundo, y los hombres amaron más las tinieblas que la luz, porque sus obras eran malas. Porque todo aquel que hace lo malo, aborrece la luz y no viene a la luz, para que sus obras no sean reprendi-

das. Mas el que practica la verdad viene a la luz, para que sea manifiesto que sus obras son hechas en Dios" (Jn. 3:19-21).

El costo de la franqueza

Y así comenzamos a entender la importancia de decir la verdad en amor. A medida que consideramos cómo hacer esto, también tenemos que contemplar el riesgo de la franqueza. Ser francos puede ser aterrador, sobre todo para aquellos que tienen cónyuges que no desean escuchar la verdad.

Entonces, ¿cuál es el costo?

En primer lugar, *el costo de la franqueza incluye el rigor de examinarnos a nosotros mismos y saber lo que de verdad pensamos.* Esto puede parecer una tarea simple, pero no lo es. Muchos de nosotros estamos tan acostumbrados a encajar, a moldear nuestras opiniones conforme a quienes nos rodean, que no sabemos con exactitud lo que creemos ni por qué lo creemos.

Hace algún tiempo comencé un hábito que ahora recomiendo a todos mis clientes. Empecé a pasar unos cuantos minutos al día escribiendo, para reflexionar sobre mi vida y entender los acontecimientos que me afectaban. Mi recomendación es escribir lo que usted siente, piensa y desea. He descubierto que escribir así, de manera constante, me lleva a tener un sentido más agudo de lo que es importante para mí.

¿Por qué he descubierto, como han descubierto tantas otras personas, que este es un ejercicio muy valioso y potente? Porque honra y amplifica la relación que uno tiene con uno mismo. Si usted no sabe lo que piensa, lo que siente ni lo que desea, es como un barco sin timón, que es llevado por las olas. No estoy recomendando adorar al yo, sino que creo que sin esta relación primaria, todas las demás flaquean. Hasta nuestra relación con Dios se basa en que primero sepamos quiénes somos.

Escribir también es un ejercicio espiritual maravilloso. Muchas veces leo una porción de las Escrituras y luego medito en ella unos momentos. Mientras medito en esas porciones de la Biblia, escribo lo que creo que el Señor me puede estar diciendo. Hacer esto de manera regular me da un trampolín desde el cual puedo seguir adelante en mi vida.

Segundo, *el costo de la franqueza incluye dedicar el tiempo y la energía para ver a su cónyuge como alguien distinto de usted.* El verdadero amor significa ver a su cónyuge como una persona y relacionarse con él o ella como tal.

Considere el siguiente ejercicio:

La próxima vez que se siente con su cónyuge a conversar, haga lo mejor que pueda para escuchar *de verdad.* No solo las palabras, sino los silencios. Relacionarse de manera franca exige una energía increíble. Barbara Sher, en su libro titulado *It's Only Too Late If You Don't Start Now* [Solo es demasiado tarde si no empiezas ahora], describe este reto:

> Ver a otra persona claramente, no mirar en el espejo de su propio deseo ni vestir a su amado con la tela de su fantasía preferida, o reinventarlo para sus propios usos… Amar lo que en realidad tiene en frente de usted puede suceder solamente cuando ha superado las ilusiones de la perfección, ya sea la suya o la de otra persona, y cuando mantiene la libertad para edificar su vida al mismo tiempo que respeta el derecho que tiene la otra persona de hacer lo mismo.[4]

Tercero, *el costo de la franqueza, de expresar verdaderamente cómo nos sentimos, es que podemos ser criticados.* Si nos exponemos, nos arriesgamos al ridículo.

Nunca es divertido que nos critiquen. Escuchar a alguien decir: "No me importa lo que creas" es aterrador. Por lo general, veo esa bravuconería como deshonesta y no saludable. Tenemos que poder ser heridos. Tenemos que ser lo suficientemente sensibles como para que los demás puedan hacer verdadero contacto con nosotros.

Cuarto, *el costo de la franqueza es que puede dar como resultado conflictos.* Cuando nos atrevemos a ser francos, cuando nos atrevemos a abordar un tema difícil, puede que no nos sintamos cómodos sino más bien ansiosos. Harriet Goldhor Lerner, en su libro titulado *The Dance of Intimacy* [El baile de la intimidad], reflexiona en esto:

> Todos tenemos problemas en nuestra familia que desatan muchas emociones y que son difíciles de abordar. Es posible que nos encontremos confrontando la decisión entre autenticidad y armonía en una relación en particular. Todos tenemos que lidiar con potentes contrajugadas y reacciones de cambio, tanto internas como externas, si definimos el "Yo" aparte de los roles y las reglas de la familia y la cultura.[5]

Cuando nos atrevemos a revelar los secretos de las relaciones, muy probablemente provoquemos tensión al principio. El costo es alto, pero las recompensas son grandes también.

Por último, *el costo de la franqueza incluye ser libres*. Usted podría preguntar por qué se trata de un costo. Reflexionemos de nuevo en Eugenio y Samanta. Han estado viviendo exclavizados durante mucho tiempo. ¿Cómo se sentirían ellos si fueran libres?

De hecho, Eugenio y Samanta decidieron afrontar su problema. No fue fácil, pero poco a poco acordaron examinar más de cerca el problema de las apuestas que los llevó a la consejería y considerar el costo que su adicción y su evasión causaba a su matrimonio. El progreso no fue un movimiento directo ni lineal, sino que siguieron regresando a la consejería. Con el tiempo, decidieron que Eugenio necesitaba un tratamiento adicional para su problema. Nos pusimos en contacto con el grupo local de apostadores anónimos y eso, combinado con su grupo de hombres en la iglesia, le dio la ayuda que necesitaba para lidiar francamente con su problema.

¿Y Samanta? Ella tuvo que enfrentar su renuncia a lidiar con la adicción de Eugenio, con franqueza. Debió aceptar que no podía tapar el sol con un dedo. Su parte era superar la negación y aceptar su propia codependencia. Encontró un grupo de apoyo para cónyuges de adictos a las apuestas. Al principio, el resultado fue una libertad incómoda. Pero ahora, meses después, tanto Samanta como Eugenio se están regocijando en su nueva libertad.

Un paso a la vez

El cambio casi siempre produce temor. Por eso, muchas veces se necesita una crisis para que rompamos con el *status quo*. Una calamidad puede llegar a ser mensajero de cambios positivos.

El cambio nunca sucede de una sola vez. La decisión de Eugenio y Samanta de moverse hacia la libertad tuvo sus altibajos, y sospecho que lo mismo sucederá con usted. No espere tomar la decisión de cambiar y punto. ¡Ojalá que el cambio fuera tan simple!

Esté dispuesto a que el cambio sea difícil. Mirar de frente un problema será un reto. No es fácil bajarse de la nube si ese ha sido el patrón en su matrimonio. Pagará un precio por el cambio, pero dado el crecimiento, habrá valido la pena el costo.

El primer paso es ver la montaña que tiene que escalar. Decidir embarcarse en la trayectoria del cambio es el paso más importante. Después, todo caerá en su lugar. Puede escalar la montaña un paso a la vez, junto con su cónyuge y con Dios. Después de todo, si Dios es por nosotros, ¿quién contra nosotros?

Capítulo 3

Deje de hablar en chino:

La importancia de comunicarse con claridad

En las muchas palabras no falta pecado;
mas el que refrena sus labios es prudente.
Plata escogida es la lengua del justo...
PROVERBIOS 10:19-20

La sesión de consejería en mi consultorio parecía una comedia, pero no lo era.

Por varias semanas, había estado trabajando con Alberto y Sandra. Eran un pareja de cuarenta y tantos años, casados desde hacía dieciséis y con dos hijos en la preadolescencia. Me dijeron que su matrimonio había sido estable y relativamente feliz, aunque habían tenido algunos tropiezos. Sin embargo, últimamente habían experimentado una incapacidad para comunicarse entre sí, sobre todo cuando estaban muy sensibles.

Habíamos estado trabajando para mejorar sus habilidades de comunicación. Las cosas iban bien hasta que tuvieron una discusión en una de las sesiones de consejería.

—No me gusta cómo él se gasta el dinero —manifestó Sandra abruptamente.

Alberto giró sus ojos con exasperación.

—¿Cuál es el problema? —pregunté yo.

—No me gusta nada, y él lo sabe —dijo ella de nuevo con más fuerza aún.

—Me doy cuenta de tu frustración —dije yo—, pero ¿puedes decirme específicamente qué es lo que te molesta de su manera de gastar?

Ella siguió hablando como si no me hubiera escuchado.

—Él sabe lo que no me gusta al respecto, pero lo sigue haciendo. Antes no era tan malo, pero las cosas han empeorado últimamente. A veces creo que lo hace por maldad. Gasta dinero que no tenemos, y yo soy la que se preocupa.

—No se preocupe, doctor —dijo Alberto—. Ya sé a dónde quiere llegar. Está enojada por mi motocicleta. Es más fácil para ella concentrarse en mí que examinarse a sí misma. Eso es todo.

—¿Es por la motocicleta, Sandra? —pregunté yo.

—No, entiendo que un hombre necesite una motocicleta. Supongo que a todos los hombres les gusta tener "juguetes de niños grandes" —dijo con sarcasmo—. Pero él gasta dinero de muchas otras formas y me vuelve loca.

—¿Como qué? —dijo Alberto enojado—. Trabajo como un burro para tener algunas cosas buenas, y te enojas por eso. Te dije cuando nos casamos que yo trabajo para poder jugar, y eso no va a cambiar. Me aseguro de pasar tiempo en casa contigo y con los niños.

—Eso no viene al caso —dijo Sandra firmemente—. Y además, muchos fines de semanas te ausentas para ir en motocicleta con tus amigos —Sandra hizo una pausa por un momento—. Simplemente no me gusta la forma en que gastas el dinero, punto. No sé cómo decirlo de otra manera —Sandra siguió mirándome al tiempo que desairaba a Alberto.

Y en ese momento, Alberto se inclinó hacia adelante en la silla, más enojado que nunca.

—Pero tú también gastas dinero. Tienes un armario lleno de ropa, y creo que eso hay que mencionarlo también. ¿Cuántos zapatos necesitas realmente? La verdad es que tú y tu madre también tienen problemas con gastar dinero.

—No es lo mismo.

Sandra se dio la vuelta y miró por la ventana. Alberto me miró, como si pidiera ayuda.

Ahí estábamos, justo donde comenzamos. Habíamos avanzado un paso, pero retrocedido cinco. De hecho, íbamos de camino a la cárcel matrimonial, la cual está llena de sentimientos heridos, resentimiento y amargura; y lo peor de todo es que *¡no se avanza!*

Aquel fue el momento en la sesión que me pareció una comedia. ¿Quién realmente tenía la razón? Lo cierto es que no sabía con claridad cuál era el problema de Alberto y Sandra ni lo que quería uno del otro.

Y si yo estaba confundido, que observaba desde afuera, ya me imagino cómo debían sentirse ellos por dentro en aquel lío. Tratar de entender su problema era como intentar sacar un sujetapapeles de una cajita y darse cuenta de que todos los sujetapapeles de la cajita están enredados.

¿Por qué Sandra y Alberto lo están pasando tan mal? ¿Por qué no pueden llegar al meollo del asunto, lidiar con lo que tienen entre manos, resolverlo y avanzar hacia cosas mayores y mejores?

La razón es que su conversación es oscura, vaga, indirecta, pasivoagresiva y, sencillamente, no es productiva.

Sufren de nuestro tercer error grave: hablar en chino en vez de decir con claridad y concisión lo que necesitamos y queremos.

Solemos reír al ver en la televisión esas comedias de enredos, donde los protagonistas se meten en líos por malinterpretarse en sus conversaciones. Ellos hablan en código sin definir bien los términos ni reducir la velocidad de la conversación lo suficiente como para enterarse de lo que el otro está diciendo.

Puesto que nosotros somos observadores externos, nos podemos reír de la situación. Quizá hasta podamos reírnos por lo bajo de aquella plática entre Alberto y Sandra. Pero lo cierto es que todo el que haya participado en una conversación así sabe que no hay nada de chistoso en ello.

A la defensiva

¿Está una persona en lo cierto y la otra equivocada? ¿Nos ponemos de parte de Sandra, que parece que tiene un buen argumento contra Alberto respecto a sus juguetes caros, aunque no esté dispuesta a decir todo lo que siente? ¿Nos ponemos de parte de Alberto, que trabaja mucho para comprar sus juguetes y parece auténtico cuando le pregunta a Sandra qué quiere? Tal vez ninguno de los dos merezca nuestra alianza porque ninguno está comunicándose de una forma que resuelva el problema. Parece que los dos están hablando en chino, y lo único que logran es empeorar el asunto.

Todo el que haya formado parte de una relación íntima sabe que, cuando ambas partes hablan en chino, el resultado por lo general es una mala comunicación. Al poco tiempo, hay frustración, enojo y una actitud defensiva.

La frustración y el enojo son emociones, pero ponerse a la defensiva es una actitud que detiene la comunicación, una manera de pensar que dice: *Yo quiero que me entiendan, pero tú no me entiendes. Por otro lado, no quiero escuchar lo que tienes que decir.*

Esa mentalidad es inmadura e intolerante, pero no debe sorprendernos. Todo el mundo desea que lo escuchen y que lo entiendan. Nadie quiere que lo calumnien. Cuanto más frágiles nos sintamos, más frágiles somos y más nos apoyamos en una actitud defensiva excesiva.

Susan Heitler y Abigail Hirsh, en su libro de trabajo *The Power of Two* [El poder de dos], muestran una gran preocupación por la actitud defensiva. "Lo malo de los muros de defensa es que si bien es cierto que pueden impedir que entren comentarios hirientes, también bloquean la salida de información nueva que puede ser útil. Escuchar para aprender será por lo general más eficaz que las respuestas defensivas".[1]

Consideremos el efecto que tiene la actitud defensiva en el matrimonio. Primero, *la actitud defensiva detiene la comunicación.* Como regla general, cuando usted o su pareja se ponen a la defensiva, la comunicación eficaz se detiene. El ruido que usted hace puede sonar a comunicación, pero ya no es saludable ni claro. Se trata de un conflicto sobre cuál opinión ganará. Las percepciones se estrechan, y surgen las líneas de batalla. Se trata entonces de un debate, no de una conversación.

Segundo, *la actitud defensiva nos impide ver el punto de vista de la otra persona.* Ponemos pantallas, la visión se nubla, y la comunicación se vuelve un lío. Solo vemos nuestro punto de vista y lo defendemos con todas nuestras fuerzas. Dejamos de tratar de ver o entender el punto de vista de nuestro cónyuge. Si lo reconocemos, buscamos de inmediato maneras de encontrar fallos en él.

Tercero, *no expresamos nuestra postura claramente*. Cuando nos ponemos a la defensiva, tendemos a defender nuestro punto de vista de manera exagerada. Asumimos opiniones rígidas y no afirmamos nuestras posiciones con precisión. Dejamos de ser flexibles y de abrirnos a nuevas posibilidades. Una vez más, la comunicación eficaz se ha detenido.

Cuarto, *la actitud defensiva nos impide lidiar con temas delicados*. Algunos temas, como la bebida, el gasto excesivo, los trastornos alimentarios y las dificultades sexuales, están prácticamente prohibidos en las mejores circunstancias. Cuando los abordamos, la actitud defensiva aumenta. El mensaje es claro: evite los temas delicados hasta que las cosas se calmen.

Por último, *la actitud defensiva multiplica la comunicación que no es sana*. La actitud defensiva en exceso da lugar a competencia, discusión, hostilidad, negación y culpa. La actitud defensiva saca a relucir lo peor de las personas y no tiene cabida en un matrimonio que crece y está lleno de vida.

Una locura

Observamos frustrados el estilo de comunicación de Alberto y Sandra. Pero nosotros también hemos hecho lo mismo, nos comunicamos con tanta torpeza que nos preguntamos si la culpa la tenemos nosotros o nuestros cónyuges. ¿Estamos hablando con enredos o están ellos simplemente tratando de sabotear todo esfuerzo de lograr una comunicación franca?

Es posible también que luchemos para interpretar con precisión lo que nuestro cónyuge está diciendo y que terminemos en una espiral descendente, dando vueltas alrededor del "detonador" que desencadena la explosión emocional que tan desesperadamente estamos tratando de evitar.

En algunas conversaciones como esta, las personas simplemente no escuchan con atención. Sin embargo, otras conversaciones reflejan un problema más grave. Si su comunicación suena como la de Sandra y Alberto con regularidad, su relación podría estar afectada por el intento de causar *locura*. De ser así, necesita atención inmediata.

Las personas son incongruentes cuando dicen una cosa, pero en realidad quieren decir otra. Es posible que usted perciba que su pareja le está pidiendo algo, pero no quiere o no puede decirlo tal cual es. Puesto que el mensaje nunca se comunica con claridad, usted no puede lidiar con ello de una manera franca y sincera. Si usted recibe mensajes que dicen una cosa, pero que quieren decir otra, probablemente se frustre, se enoje y se confunda. Le parecerá que se está volviendo loco.

El intento de causar locura evidentemente tiene una connotación potente y negativa. Implica que uno de los dos tiene la intención de volver loca a la otra persona o al menos ponerla furiosa. Sin embargo, no creo que gran parte de la conducta que vuelve locas a las personas sea esencialmente maliciosa. Entonces, ¿por qué recurriría alguien a una comunicación tan indirecta y manipuladora? Creo que hay varias razones.

En primer lugar, *pedir exactamente lo que queremos puede ser aterrador*. Para muchos de nosotros, escondernos detrás de un velo de comunicación indirecta es mucho más fácil. Esperamos que nuestros cónyuges nos lean la mente y automáticamente satisfagan nuestras necesidades. Pero tal como podría esperar, eso sucede muy pocas veces.

En segundo lugar, *nos arriesgamos al rechazo*. En respuesta a nuestra solicitud, nuestro cónyuge podría mirarnos y decir: "¿Te has vuelto loco? Yo no voy a hacer eso". Entonces nos enfrentaríamos a un problema incluso mayor: ¿ahora qué vamos a hacer?

En tercer lugar, *puede que seamos demasiado mansos y pasivos*. Ese podría ser un estilo que hayamos empleado en el transcurso de nuestra vida y ahora usamos en nuestro matrimonio. Es una indicación de que no hemos aprendido el arte de la comunicación directa y clara.

Por último, *hablar de una manera clara y directa exige un gran esfuerzo*. La comunicación lúcida y franca no es nada fácil. Comunicarse es una habilidad refinada, y se necesita mucho trabajo para dominarla.

¿Qué puede hacer usted si está lidiando con una pareja que usa la táctica de querer volverlo loco para evitar la comunicación franca? Bach y Deutsch ofrecen las siguientes sugerencias en su libro titulado *Stop! You're Driving Me Crazy* [¡Un momento! Me estás volviendo loco].[2]

- Sepárese un poco de la situación y evalúe lo que está sucediendo. Considere por qué podría estar sintiéndose confuso o manipulado.
- Considere qué podría haber detrás de esa actitud de querer volverlo loco. Por ejemplo, su cónyuge se siente rechazado, impotente o tiene miedo de pedir un cambio.
- No reaccione con hostilidad ante esa actitud, incluso si se siente tentado a hacerlo. Pida aclaraciones, no ataque. El problema no es la persona, sino su incapacidad de pedir claramente lo que necesita. Trate de sacar a la luz los cambios deseados.
- Respete el derecho de su cónyuge de tener información clara, y respete sus sentimientos, espacio y poder. Trate de reducir el temor de su cónyuge de pedir lo que necesita.
- No lea la mente ni suponga nada. Comparta sus sentimientos y hágase vulnerable. Mantenga la conversación centrada en el tema que tienen entre manos.
- Preste atención a sus corazonadas. Compruebe si lo que cree que está pasando realmente está pasando. Trate de determinar lo que su cónyuge en verdad le está pidiendo.
- Lleguen a un acuerdo justo en el que ambos hagan los cambios deseados.

He descubierto otra habilidad sumamente útil para mí y para aquellos a quienes aconsejo. Es tan solo esto: *hable desde su posición más vulnerable*. Permítame darle un ejemplo.

Hace poco me enredé en una de esas conversaciones oscuras en chino con una amiga muy querida. Tal como sucede a menudo, comenzó de manera inocente y se complicó muy rápido.

Una noche salí a caminar con Christie y mencioné que estaba pensando en trabajar hasta tarde un día a la semana. Pensaba tomar un descanso más largo por la mañana de manera que no iba a aumentar mis horas de trabajo. Deseaba que me alentara en ese plan, a pesar de que ya le había pedido antes que me hiciera rendir cuentas por trabajar demasiadas horas en mi consultorio. Ella se preocupó de inmediato.

—Creí que no ibas a trabajar por las noches —dijo.

Yo me alteré. Mis horas de trabajo siempre han sido, y todavía son, un tema delicado para mí. Lo que quería de ella era aliento, no crítica.

—No —dije abruptamente—. Dije que no iba a trabajar *más* horas al día.

—Pero incluso si tomas un descanso durante el día permanecerás en el consultorio más de lo acostumbrado.

Guardé silencio total mientras luchaba con mi fuerte deseo de hablarle mal. ¿Cómo se atrevía a hacerme rendir cuentas, aunque le hubiera dado permiso para hacerlo? Caminamos en silencio, mientras yo pensaba en cómo iba a responder. Aun cuando intentaba luchar con mi actitud defensiva, decidí hablar desde mi posición más vulnerable.

—Christie, te he pedido que me ayudes a rendir cuentas y ahora me siento ansioso al respecto. Me siento criticado *y* culpable. Quiero tomarme un minuto y pensar en lo que dijiste en vez de defenderme, lo cual no nos va a ayudar a ninguno de los dos.

—Solo te estoy dando mi opinión —dijo con cautela—. Tú me pediste que te dijera lo que pienso al respecto.

—Es cierto. Aun estoy interesado en tu opinión, y esta reacción tiene que ver conmigo, no contigo. Dame unos minutos para comprender mi reacción.

Es posible que algunos de ustedes crean que esta conversación no tiene cabida en la vida real. O tal vez parezca algo sacado de un libro de texto de psicología y no tenga aplicación en su matrimonio. ¡Pues se equivocan!

Actuar con delicadeza y cautela fue sumamente difícil para mí; sin embargo, nuestra amistad vale el esfuerzo. Usted también puede aprender a vigilar su actitud defensiva, a asumir la responsabilidad de sus sentimientos y a compartirlos en los momentos adecuados.

Deshonestidad y fingimiento

Otra forma de hablar en chino en un matrimonio es siendo deshonestos. Ser directos y veraces en una relación es difícil. Comportarnos como un camaleón —transformarnos siempre en cualquier cosa que la otra persona espera que seamos— es mucho más fácil. Pero esa es simplemente otra forma de codependencia.

En la situación antes expuesta, le estaba dando a Christie un mensaje doble. Básicamente le estaba diciendo: "Por favor, arriésgate a decirme cuando creas que estoy volviendo a mi antigua conducta destructiva. Pero hagas lo que hagas, no me incomodes".

¡Caray! ¡Qué deshonesto de mi parte! ¡Qué manipulador! Al decirle a Christie que quería su opinión, abrí la posibilidad de sonar farisaico. Pero cuando llegó la hora de la verdad, no estaba dispuesto a respaldar mi solicitud. Estaba siendo deshonesto a pesar de que no era mi intención.

Si miramos a Sandra de manera crítica, vemos que ella también se negaba a ser franca. Se negaba a exponerse y a decir directamente lo que esperaba de Alberto. Más bien parecía creer que él tenía la obligación de leerle la mente.

John Bradshaw, en su libro pionero titulado *Bradshaw On The Family* [Bradshaw y el tema de la familia], explica por qué hablamos oscuramente, como si tuviéramos un antifaz puesto.

> Nos enseñan que debemos ser buenos y amables. Nos enseñan que esas conductas (mentiras, la mayoría de las veces) son mejores que decir la verdad. Nos enseñan, sobre todo, a fingir que no sentimos lo que sí sentimos. Nuestras iglesias, escuelas y la política son rampantes cuando se trata de enseñar deshonestidad (decir cosas que no queremos decir y fingir que sentimos algo que no sentimos). Sonreímos cuando nos sentimos tristes; nos reímos nerviosamente cuando lidiamos con la aflicción; nos reímos de chistes que no creemos que tengan gracia; para ser amables, decimos cosas a los demás que seguramente no sentimos, como: "Nos tenemos que juntar un día de estos".[3]

Quizá Bradshaw está siendo muy duro. Usted es una persona sincera y dice lo que piensa. ¿Cierto?

No me complazco en confesar esto públicamente, pero sé que yo no soy así. Las palabras de Bradshaw duelen y me encajan mejor de lo que me gustaría admitir. Si de verdad yo fuera sincero, si hablara directamente, le hubiera dicho a Christie lo siguiente:

"Christie, deseo liberarme del agotamiento que siento por trabajar tan arduamente. Pero la verdad es que no quiero cambiar. Por eso, cuando te pido que me confrontes al ver en mí una conducta irresponsable, no estoy siendo sincero. No deseo que me confronten. Lo único que quiero es que me alienten. Quiero que me alaben por los cambios que estoy haciendo y quiero que mires para otro lado cuando veas algo que tiene un colorcito irresponsable de mi parte".

Pues bien. Ahí está la verdad. No sé cómo caería eso en una conversación con Christie, pero al menos sería sincero. Al menos sería el inicio de una conversación franca.

Don Miguel Ruiz escribió un libro que fue un éxito de librería titulado *Los cuatro acuerdos*. Cuando salió, todo el mundo preguntaba: "¿Has leído *Los cuatro acuerdos*? Tienes que leerlo". Al principio me sorprendió el éxito del libro. La verdad es que no me pareció tan profundo. Pero hubo algo que me llamó la atención. La norma esencial de Ruiz era *ser impecable con la palabra*. Eso no es tan fácil como suena. Ruiz sugiere que ese es un principio transformador. Diga la verdad, toda la verdad de quien es usted hoy. Diga lo que piensa y piense lo que diga. Cuando no hacemos eso, no solo estamos siendo deshonestos con los demás, sino con nosotros mismos también, y eso destruye nuestra autoestima y el bienestar de nuestras relaciones.

Sobre la importancia de ser impecables con nuestra palabra, Ruiz dice: "Usted expresa su poder creativo a través de la palabra. Es a través de la palabra que usted lo manifiesta todo… lo que sueña, lo que siente y lo que realmente es, todo se manifiesta a través de la palabra".[4]

Los que dicen la verdad con renuencia

Las palabras de Ruiz no son nuevas. Las Escrituras nos exhortan con frecuencia a decir la verdad. Tanto el Antiguo como el Nuevo

Testamento nos dicen que digamos clara y directamente lo que Dios ha puesto en nuestro corazón.

Eso me recuerda el encuentro del Señor con Moisés, un hombre que llegaría a ser un gran líder. A pesar de sus dones, aparentemente no estaba impresionado con sus habilidades y argumentaba que no reunía las condiciones para ser el portavoz del Señor.

Tal vez recuerde que Dios dirigió a Moisés a congregar a los israelitas y a hacer milagros para demostrar el poder de Dios y su presencia constante. El Señor llamó a Moisés para que fuera el líder de Israel en su liberación de Egipto. Pero incluso después de que Dios había mostrado su poder, Moisés titubeó.

> "Entonces dijo Moisés a Jehová: ¡Ay, Señor! nunca he sido hombre de fácil palabra, ni antes, ni desde que tú hablas a tu siervo; porque soy tardo en el habla y torpe de lengua. Y Jehová le respondió: ¿Quién dio la boca al hombre? ¿o quién hizo al mudo y al sordo, al que ve y al ciego? ¿No soy yo Jehová? Ahora pues, ve, y yo estaré con tu boca, y te enseñaré lo que hayas de hablar. Y él dijo: ¡Ay, Señor! envía, te ruego, por medio del que debes enviar. Entonces Jehová se enojó contra Moisés, y dijo: ¿No conozco yo a tu hermano Aarón, levita, y que él habla bien?..." (Éx. 4:10-14).

Después de recibir semejantes dones de liderazgo y de ser testigo de tantas demostraciones del poder de Dios —por no mencionar la oportuna ocasión de rescatar a su pueblo de la esclavitud—, Moisés todavía dudaba de si podía hablar. Podemos entender por qué el Señor se enojó con él. Pero ¿quién de entre nosotros no entiende el temor de decir la verdad a grandes cantidades de personas? ¿Y si no escuchan, como era el temor de Moisés? ¿Y si se burlan de nosotros, que también le sucedió a Moisés? A pesar de que hemos visto el poder de Dios en nuestra vida y hemos recibido el Espíritu Santo —el "Espíritu de verdad" —, todavía nos asusta hablar cuando se presenta la oportunidad.

Jesús también se enojó con sus discípulos renuentes. Uno de los ejemplos más conmovedores se produjo con Pedro antes de la crucifixión. Claro, Jesús había profetizado ese acontecimiento en el patio. Una criada del sumo sacerdote le pregunta a Pedro si él tenía algo que ver con Jesús. Aquí había una increíble oportunidad de decir la verdad y ser testigo del Señor. Pero en vez de eso, Pedro habla en chino.

—No lo conozco ni sé lo que dices —dice Pedro.

Pero la criada no desiste. Ella sabe lo que está diciendo. Les dice a los que están cerca:

—Este es de ellos.

Pero Pedro vuelve a negarlo.

Luego otras personas participan en la conversación.

—Verdaderamente tú eres de ellos; porque eres galileo.

Uno pensaría que Pedro por fin diría la verdad. Lo descubrieron. Pero en vez de eso, se arriesga todavía más. "Entonces él comenzó a maldecir, y a jurar: No conozco a este hombre de quien habláis" (ver Mr. 14:66-72).

Entonces cantó el gallo, y Pedro se acordó de lo que Jesús le había dicho y lloró.

Y nosotros también lloramos cuando descubrimos algo de Moisés y de Pedro en nuestra vida. Miramos atrás a momentos críticos, cuando pudimos haber dicho algo veraz, algo potente. Ahí estábamos, en un lugar oscuro, frío, aterrador, y alguien nos miraba fijamente esperando que fuéramos directos y veraces. Y nosotros nos marchitamos… o disimulamos.

Somos renuentes a decir la verdad, a decir las cosas como son. Nos reprimimos a causa de nuestro temor, vergüenza o amedrentamiento. Andamos con rodeos o decimos mentiras abiertamente para evitar esas amenazas. O, como hizo Pedro, tratamos de usar la confabulación —hablando en chino— para distraer a los que nos están presionando para que digamos la verdad.

Cuando no decimos la verdad

Al considerar esta teoría de ser veraces, tal vez usted esté pensando en alguna vez en que lo mejor era no decir la verdad. Quizá hablar en chino o andarse con rodeos a veces es lo mejor. Después de todo, nuestras parejas podrían ser vulnerables y no aceptar bien la crítica constructiva. Andar con cuidado en estos casos podría estar bien. Es posible que retengamos información para no herir a alguien, pero eso sucede muy pocas veces. Más bien, por lo general, nos protegemos de la vulnerabilidad, vamos a lo seguro y usamos la falta de honestidad como un razonamiento para no decir la verdad. Además, incluso si estuviéramos tratando de "proteger" a alguien, ese sería un ejercicio dudoso. ¿Desde cuándo necesitan los demás nuestra protección?

No estoy abogando por invadir la vida de aquellos a quienes queremos y dogmatizar nuestra versión de la verdad. Pretender ser el bastión de la verdad y luego compartir nuestra postura de manera farisaica con nuestra pareja es una receta segura para el desastre. Nadie quiere que lo confronten de esa forma. Sin embargo, la confrontación espinosa tiene su lugar en el matrimonio.

Scott Peck, en su libro titulado *The Road Less Traveled* [El camino menos transitado], dice: "El máximo riesgo del amor posiblemente sea el riesgo de ejercer poder con humildad. El ejemplo más común de esto es el hecho de la confrontación amorosa".

Pero Peck no aboga por entrar en la vida de una persona y compartir sabiduría desde una posición superior. Eso no es bíblico, útil ni prudente. Más bien Peck afirma que debemos ofrecer crítica "con la creencia de que si uno llegó a la conclusión de que está en lo cierto, probablemente fue mediante un autoexamen y autocuestionamiento meticuloso". La arrogancia siempre es destructiva e improductiva. Las palabras llenas de humildad son útiles y muchas veces logran instruir a la otra persona.

Las palabras humildes suelen ser más útiles que las órdenes. Los escritos de Pablo están bañados de mandatos como "...los que somos fuertes debemos soportar las flaquezas de los débiles..." (Ro. 15:1). "Pero el Dios de la paciencia y de la consolación os dé entre vosotros un mismo sentir según Cristo Jesús, para que unánimes, a una voz, glorifiquéis al Dios y Padre de nuestro Señor Jesucristo. Por tanto, recibíos los unos a los otros, como también Cristo nos recibió..." (Ro. 15:5-7).

Sin embargo, Peck también sigue hablándonos acerca del daño que se produce cuando no decimos toda la verdad a nuestra pareja.

Dejar de confrontar cuando se requiere confrontación para fomentar el crecimiento espiritual es lo mismo que no amar, así como hacer una crítica desconsiderada o condenar, y otras formas de privación activa del cariño… La confrontación mutua hecha en amor es una parte significativa de todas las relaciones humanas exitosas e importantes. Sin ella, la relación fracasa o es superficial.[5]

Juicios y prejuicios

El compromiso con la verdad —evitar hablar en chino— y la disposición a ser francos en nuestro matrimonio exigen mucho de nosotros. Exigen que seamos honestos, humildes y que dejemos de lado nuestras suposiciones y juicios sobre los demás. También exigen una mentalidad abierta y un examen de conciencia para que seamos conscientes de nuestras debilidades y prejuicios.

Los fariseos eran personas a quienes les gustaba juzgar, y Jesús los llamó hipócritas muchas veces. Por lo general, eran arrogantes, hacían alarde de su justicia propia delante de los demás, aunque su corazón no estaba tan limpio. Hoy ser llamado "farisaico" es sinónimo de vivir una vida doble. Es el arquetipo de hablar en chino. Hasta los discípulos juzgaban a los demás. En vez de hablar de amor, a menudo eran muy críticos entre ellos. Seguro recordará que una de sus diatribas fue contra los más débiles de los débiles: los niños (Mt. 19). Básicamente dijeron: "Estos niños nos están molestando. No nos pueden enseñar nada. Sácalos de aquí".

Sin embargo, Cristo les dio una nueva perspectiva. Hemos de ser inocentes como los niños, aceptar como los niños, ser abiertos como los niños y tiernos como los niños.

Somos prestos a criticar a los discípulos por sus reacciones, sin embargo debemos preguntarnos si son diferentes de las nuestras. ¿Nos colocamos a veces por encima o aparte de los demás? ¿De qué forma crea eso una barrera a la intimidad? ¿Cómo nos impide escuchar realmente?

Aunque puede ser una propuesta aterradora, lo exhorto a que deje de lado sus creencias arraigadas para que pueda escuchar a su pareja, y a los demás, de verdad.

- ¿Está abierto a nuevas ideas y posturas?
- ¿Está dispuesto a aplicarse las mismas normas que aplica a los demás?
- ¿Está dispuesto a rendir cuentas a los demás de sus creencias y conducta?

Atención

Las personas han dicho que la forma más elevada de amor que podemos dar a los demás es prestarles atención de verdad. En su forma más sencilla, prestar atención quiere decir escuchar de verdad. Y si escuchamos de verdad, probablemente nos deshagamos de gran parte de nuestro hablar en chino, puesto que esa clase de jerigonza viene de querer oír lo que *nosotros* tenemos que decir en vez de escuchar de verdad lo que *nuestra pareja* está diciendo.

Hace poco tuve la oportunidad de practicar esa clase de atención. En un taller sobre violencia doméstica, escuché a un joven describir cómo había matado a sus padres violentamente. A pesar de que sabía con antelación que la violencia era un acto de retribución por años de maltrato y negligencia para con él y sus hermanos, una venganza como esa parecía increíblemente atroz. Sin embargo, yo quería escuchar lo que aquel joven tenía que decir y sabía que si escuchaba con los oídos de una persona que iba a juzgar, no aprendería nada.

Durante la hora siguiente lloré. Aquel tosco adolescente, vestido con sudadera, gorra de béisbol y pantalones vaqueros, habló de años de maltrato recibido de sus padres. Escuché las atrocidades que les hicieron a él y a sus hermanos y cómo él decidió salvar a sus hermanos matando a su madre y a su padre. Escuché la tortuosa preparación para la matanza y la horrible culpa que había soportado desde entonces. Escuché mientras hablaba de los meses de encarcelamiento que siguieron después de admitir su culpabilidad.

Para mí no fue fácil escuchar aquello. Aunque yo no participaba personalmente, tuve que poner en práctica lo que Scott Peck llama "hacer un paréntesis". Eso exige que uno, por un momento, deje de lado el yo, los prejuicios y las creencias, y escuche nueva información. Es, como dice Peck, una oportunidad de "acallar lo conocido y dar la bienvenida a lo extraño".[6] Es un momento para dejar de lado las necesidades presentes, las experiencias pasadas y las esperanzas futuras con el fin de prestar atención al presente.

¿Y cómo se aplica eso al matrimonio? En realidad, tiene que suceder todos los días. Tenemos que hacer un paréntesis para poder ver a nuestra pareja por quienes son, no por quienes queremos que sean. Podemos hablar con franqueza, y hasta ser críticos, al tiempo que consideramos la posibilidad de que las cosas no sean como parecen. Tenemos que poner en práctica dar a nuestras parejas el beneficio de la duda. ¿Podría ser que en realidad no están tratando de hacernos daño? ¿Podría ser que en realidad desean salvar su matrimonio tanto como nosotros? ¿Podría ser...?

Desde este espacio "vacío", podemos hacer lo que yo llamo *escuchar el alma*: escuchar no solo lo que se está diciendo, sino también lo que no se está diciendo. Escuchamos los temas de nuestras parejas, el dolor y los deseos que nos aportan cada día. Cuando prestamos atención a sus más profundos anhelos, los escuchamos mientras nacen. Somos parteras de su alma. Hemos dejado de lado nuestras propias necesidades y por eso podemos defender a nuestra pareja más eficazmente.

Asumir la responsabilidad

Hace poco ofrecí un "Grupo de apoyo para las transiciones" a mi iglesia y comunidad. No tenía ni idea de quién podría acudir ni qué necesidades podrían tener. Cuando se abrieron las puertas, llegaron personas de todas las edades.

Una mujer de cuarenta años acababa de pasar por un divorcio no deseado y necesitaba apoyo desesperadamente. Una mujer de cincuenta años se había mudado desde el otro lado del país a nuestra pequeña ciudad y necesitaba la sensación de comunidad. Un joven de veinticinco años se había separado hacía poco, estaba lleno de un individualismo e irascibilidad muy notorios y necesitaba mucho una mano amiga. Una mujer de cierta edad había tenido varias relaciones violentas y parecía que no podía escaparse de ese patrón.

Diferentes voces. Diferentes necesidades. ¿Cómo podía llevar cohesión al grupo? Me recordé a mí mismo repetidas veces que yo era un moderador, y que el Espíritu Santo (el Espíritu de verdad) me guiaría a mí y a los demás en el grupo.

El reto primordial parecía ser exhortarlos a todos a asumir la responsabilidad por el lugar en el que se encontraban en la vida. Aceptar que el "puente de transición" en el que estaban era únicamente suyo. Y lo que es más importante, los exhorté a evitar hablar en chino y a expresar su experiencia de una manera que les diera poder y honrara la senda de su vida. Para la mayoría, eso incluía aceptar profundos remordimientos por no haber sido veraces con otras personas y con ellos mismos en el pasado. No era un trabajo fácil.

Una noche, cuando invité a las personas a hablar de sus sentimientos delante del grupo, Trina, la mujer de cuarenta años, dijo de repente: "El divorcio es horrible. Dios nunca desea que nos divorciemos. No debería sucederle a nadie nunca". Es cierto que sus palabras contenían verdad, pero el tono de su voz y su estilo eran dogmáticos y rígidos. La animé a que hablara en nombre propio, que asumiera la responsabilidad de la experiencia.

—¿Puede decir cómo ha sido la experiencia para usted y cómo se ha sentido? —dije.

Ella pensó un momento antes de personalizar su verdad.

—El divorcio ha sido horrible para mí. Me siento triste y deprimida por ello. Sufro todo el tiempo. No estaba preparada para el dolor que iba a sentir —la mujer comenzó a llorar mientras hablaba.

La audaz confidencia de Trina liberó a los demás para compartir sus experiencias sin temor a ser juzgados.

Miguel habló también:

—Lamento tu situación, Trina —dijo—. Pero para mí no ha sido así en absoluto. Me alegro de estar separado de mi esposa, aunque también me da tristeza por nosotros y por los niños. Mi esposa me fue infiel muchas veces, y yo no podía seguir viviendo así. Lo que lamento es no haber sido más franco conmigo mismo y con ella antes.

Desde esa noche en adelante, pusimos en práctica asumir la responsabilidad de nuestros sentimientos y situaciones singulares. Hablamos desde nuestra propia perspectiva en vez de decir a los

demás "cómo es la cosa". Practicamos las siguientes habilidades, que
son valiosas:

- hablar de lo que sentíamos y pensábamos;
- hablar desde una posición de vulnerabilidad;
- desenterrar nuestros sentimientos más profundos, no quedarnos en la superficie;
- no decir a los demás cómo deben ser las cosas;
- no decir a los demás qué pensar o creer;
- aprender a pedir exactamente lo que necesitamos.

Preferencias

Hablar en chino por lo general incluye negarse a vivir en el presente. Es el hábito de tomar el camino más fácil, de esperar que los
demás le lean la mente, esperar que los demás sepan lo que usted
pretende sin ser específico, creer que usted no necesita saber lo que
es importante para su vida. En resumen, hablar en chino es como
arrastrar las palabras. Enunciar con claridad necesita esfuerzo y también decir lo que uno quiere decir, lo que desea y lo que es importante
para usted. Menos que eso hace la comunicación ardua, en el mejor
de los casos, e imposible, en el peor.

Hablar en chino también es contrario a las Escrituras, las cuales
nos exhortan a ser veraces con nosotros mismos y con los demás.
Cuando Jesús comenzó su ministerio, las personas no solo se sentían
atraídas por sus palabras, sino que también se enojaban por ellas.
"…y decían: ¿De dónde tiene éste estas cosas? ¿Y qué sabiduría es
esta que le es dada, y estos milagros que por sus manos son hechos?
¿No es éste el carpintero, hijo de María, hermano de Jacobo, de José,
de Judas y de Simón? ¿No están también aquí con nosotros sus hermanas? Y se escandalizaban de él" (Mr. 6:2-3).

No hay nada bueno en aferrarnos a nuestros pensamientos hasta
que se convierten en resentimiento. Es cierto que tenemos que sazo-
nar nuestras palabras con amabilidad, pero también tenemos que
"decir la verdad en amor".

Trabajé con Sandra y Alberto durante meses, practicando las
habilidades que he descrito en este capítulo. Después de semanas

de consejería y horas de práctica en el hogar, Sandra aprendió a ser más franca con Alberto. Mediante nuestro ejercicio de "profundización", ella descubrió que no le molestaba tanto la manera de gastar de Alberto como la sensación de que él la estaba dejando fuera de su vida. Se sentía abandonada. Quería que él pasara más tiempo con ella y usara sus recursos económicos para planear salidas emocionantes para ellos.

Considere lo difícil que es para Sandra decir: "Me siento triste cuando pasas tanto tiempo lejos de casa y deseo que pases más tiempo conmigo haciendo cosas especiales. Extraño las veces en que empacábamos a toda prisa y nos íbamos a la playa. Deseo que en nuestro matrimonio haya gozo y sorpresas otra vez. ¿Quieres que lo logremos juntos?".

Note la inmediatez del lenguaje, las solicitudes específicas y la disposición de Sandra de poner energía en el matrimonio. ¡Qué halago para su hombre! Las parejas que aprenden a hablar así pueden experimentar nueva vida en su matrimonio.

Aunque a Alberto no le emocionaba mucho su propuesta, llegó a gustarle. Él quería mucho a Sandra y deseaba enriquecer su matrimonio. Juntos aprendieron a compartir sus sentimientos y preferencias sin juzgarse el uno al otro. Sandra puso en práctica el aceptar que Alberto disfrutara de sus juguetes sin criticarlo. También puso en práctica pedir exactamente lo que necesitaba. Él todavía tiene sus juguetes, pero han comenzado a viajar juntos más a menudo.

Alberto ha aprendido desde entonces a escuchar mucho más eficazmente a Sandra. Incluso cuando a ella le cuesta decir lo que quiere decir, él practica dejar de lado sus intereses para poder escucharla bien. Evidentemente, eso la hace sentirse muy bien. A pesar de que de vez en cuando se cuela algo de chino en su relación, el lenguaje directo es su nueva preferencia.

Capítulo 4

Deje de querer ocupar el lugar de Dios:

La arrogancia no tiene cabida en el matrimonio

El verdadero amor y la oración se aprenden en el momento en que la oración se ha hecho imposible y el corazón se ha vuelto de piedra.
THOMAS MERTON

Era un monstruo de hombre, pavoneaba sus cualidades frente a las cámaras. Su contextura colosal ocupaba la mayor parte de la pantalla del televisor.

"¡Fui hecho para esto! —gritó. Me dio un escalofrío. Provocando a los jugadores del equipo contrario, continuó—: Yo vivo para esto. Ustedes son míos". Se dio golpecitos en el pecho para reforzar su sensación de dominio.

Pude haberme imaginado esa escandalosa exhibición de bravuconería en el excéntrico mundo de la lucha libre profesional. De hecho, ahí lo espero. Pero me sorprendió —hasta me chocó— verlo en el fútbol profesional. Pero supongo que el popular programa televisivo sobre fútbol de los lunes por la noche no es el lugar donde se puede encontrar humildad. A medida que la noche avanzaba, el juego entre los equipos parecía más una batalla de egos que atletismo.

Para hacer de la competencia una sensación aun mayor, las redes de televisión han añadido algo nuevo. Ponen un micrófono a los más rimbombantes y pomposos jugadores para que los televidentes puedan escucharlos en el *huddle* [reunión de los jugadores, en la que uno de ellos explica la próxima jugada que el equipo realizará], en los bancos y en medio de la acción. El resultado final es un ejercicio monumental del ego.

Antes de que las lectoras femeninas asientan con la cabeza, podemos observar una variación de esta conducta en las mujeres. En una visita que hice hace poco a unos grandes almacenes, observé a dos mujeres de treinta y tantos años probándose ropa cara mientras yo pasaba por la sección para mujeres.

—¡Oh! Te ves fabulosa con eso —dijo efusivamente la primera de ellas.

—¿De verdad lo crees? —dijo la otra con una risita.

—Mírate —dijo la primera mujer señalando a un espejo que había cerca—. Tienes que comprarte ese vestido. Te ves fantástica de rojo, delgada y sexy.

—Me encanta el color. Tal vez decida derrochar un poco y comprármelo.

No quería arruinarle la fiesta a nadie, pero no estaba convencido de que la mujer de rojo se viera fantástica. El vestido era de corte cuadrado y estaba mal hecho.

Bien, sí. Pero ¿fabulosa? Las mujeres se estaban divirtiendo, acicalándose, admirando las elecciones de la otra y absorbiendo los halagos. No tenían el menor interés en opiniones externas.

Permítame ofrecerle una observación personal sobre mi propio ego en acción.

En un viaje que hice a Europa el año pasado, usé millas de viajero frecuente para obtener un boleto de primera clase. ¡Qué experiencia! En cada tramo del viaje, me invitaron a entrar en el *Admirals Club*. Soy una persona ordinaria. No tengo ningun rango. Pero que a uno le sirvan una comida de doce platos *antes* de que el avión despegue fue una experiencia que se me subió a la cabeza. Los asistentes me abrían las puertas, me daban toallas húmedas antes y después de cada comida y me ofrecían pantuflas, haciéndome sentir como si yo fuera una persona muy importante. Me acuerdo que pensé: *Me puedo acostumbrar a esto. Tal vez sí sea muy importante.*

Si usted tiene experiencia con los viajes aéreos, sabe que las aerolíneas siempre sientan primero a los pasajeros de primera clase. Al principio con sutileza y luego no con mucha humildad, comencé a andar con aire arrogante, mientras me dirigía despacio hasta el principio de la fila. Caminé con confianza hasta la persona que tomaba los boletos como si hubiera hecho eso un millón de veces. *Sí* —pensé mientras miraba a los demás viajeros, menos afortunados—, *soy pasajero de primera clase y me voy a sentar antes que ustedes.*

Sin embargo, sentí cierta ambivalencia. No quería que nadie me notara de manera especial, pero quería que *todo el mundo* lo notara. Estaba en primera clase, y eso me dio poder. No era diferente de los demás, y sin embargo, estaba a millas por encima del resto de la multitud (millas de viajero frecuente, para ser exacto).

En todos los casos, vemos egos vivitos y coleando.

"¿Y qué tiene todo eso que ver con las relaciones?", preguntará usted. Nuestro cuarto error grave tiene mucho que ver con el hecho de que usted se toma a sí mismo demasiado en serio y se relaciona con los demás de una manera egocéntrica. Tiene que ver con tratar a su pareja como si usted fuera Dios.

Considere el atleta egoísta en el campo de juego, la mujer de la tienda por departamentos o quien escribe, volando en primera clase. ¿Dejan las personas esas actitudes en el campo, la tienda o la terminal del aeropuerto? Muchas veces las llevan a la casa y al matrimonio.

¡Con qué facilidad se cuelan esas conductas de deleite y autosatisfacción en la manera en que hablamos a nuestras parejas! ¡Cuán fácilmente creemos que somos los únicos que tenemos la verdad! "A mi manera" se convierte en nuestro estribillo.

Daniel y María: pretenden ocupar el lugar de Dios

Daniel y María fueron a consultarme después de pasar por una crisis en su matrimonio; su pastor les recomendó que me visitaran. María había decidido irse de casa porque se sentía sofocada por Daniel. Él no había puesto objeción a que ella se fuera porque se sentía controlado y abrumado por sus exigencias. Ambos buscaron el consejo de su pastor, quien entonces sugirió que necesitaban ayuda profesional.

Como sucede con muchas personas, su crisis inmediata era solo la punta de un iceberg muy grande. Había otros problemas en lo más profundo de su relación, muchos de ellos resultado de sus intentos de "pretender ocupar el lugar de Dios" el uno con el otro.

Daniel y María habían sido novios desde la secundaria: jóvenes, ingenuos y arrogantes. Eran la pareja clásica: una atractiva animadora de partidos deportivos y una estrella de fútbol deslumbrante. Habían soportado algunos momentos difíciles en su trayectoria, pero sabían que querían estar juntos y casados poco después de graduarse.

El padre de Daniel era dueño de una tienda de suministros eléctricos, y Daniel trabajó en esa tienda mientras estaba en la escuela secundaria. Su trabajo era estable, ganaba buen dinero e iba de camino al éxito material. María trabajaba a medio tiempo como asistente de odontología y estudiaba para ser higienista dental. Ella también se concentraba en su meta y estaba destinada al éxito. Ambos eran fuertes, elocuentes y decididos, cualidades que les podían ser muy útiles si lograban reconciliarlas con su relación. De lo contrario, aquella determinación tenaz, que los llevaba a creer que solo ellos tenían la verdad, podía arruinar su reciente matrimonio.

A pesar de que no les era difícil ganar dinero, sí les era difícil ser responsables con lo que gastaban. Tanto a Daniel como a María les gustaban las cosas buenas, y su deuda pronto superó su ingreso. Las facturas de tiendas caras, los pagos de autos nuevos para cada uno de ellos y otras deudas de tarjetas de crédito los metieron en un verdadero embrollo económico. Ambos estaban preocupados por su manera de gastar, pero ninguno había tomado la decisión de cambiar las cosas. Ambos se culpaban mutuamente. Daniel le echaba la culpa a María por comprarse tanta ropa; ella lo culpaba a él por los accesorios de su camioneta. Su relación tenía una tensión constante acerca de cómo iban a pagar las cuentas.

Daniel y María también tenían la costumbre de discutir acaloradamente sobre los amigos del otro. A Daniel no le gustaban las amigas de María porque le parecían "ostentosas". Pensaba que podían influenciar a María de "mala manera". Eran solteras y querían que ella las acompañara a tomarse un trago de vez en cuando. Daniel insinuó que ellas podían influenciarla para que le fuera infiel. María pensaba que los amigos de Daniel le ocupaban demasiado tiempo y temía que ellos lo influenciaran para participar en actividades perjudiciales, como uso excesivo de alcohol, lo cual había sido un problema a principios de su noviazgo.

Cuando me reuní con Daniel y María, me di cuenta rápidamente de que ambos eran muy inmaduros. Daniel hacía comentarios insidiosos sobre María, y ella le devolvía el favor. Tendían a molestarse el uno al otro usando sarcasmo para defender sus argumentos. Cuando uno de ellos atacaba, el otro respondía rápidamente. Esa interacción destructiva llevó a María a mudarse de casa y buscar un departamento propio.

—Bien, María, dime qué fue lo que te llevó a mudarte —dije yo.

—Ya no me gusta estar casada con Daniel. Me dice lo que tengo que hacer, lo que tengo que pensar, cómo gastar el dinero y quiénes deben ser mis amigas. No lo aguanto. Cuando trato de hablarle de nuestros problemas, todo es culpa mía.

—Pues alguien tiene que señalarte los errores que cometes. Gastas muchísimo dinero en cosas estúpidas. Y tus amigas, por lo que a mí respecta, son problemáticas.

—Pero tus amigos son mucho mejor, ¿verdad? —contestó María—. Y parece que se te olvida que gastas tanto dinero como yo.

—No como tú, eso seguro. Y —se volvió a mí para decirme— tiene que escuchar lo que dice ella de mis amigos.

—Son unos tontos. Eso no lo puedes negar.

—¿Ve lo que digo? —dijo Daniel—. A ella le gusta dar consejos, pero no le gusta recibirlos.

—Un momento —dije yo—. ¿Por qué están aquí? ¿De verdad les interesa trabajar en su matrimonio?

María miró a Daniel y luego a mí otra vez.

—No estoy segura. Él me hace enojar mucho. Actúa de mala manera, pero luego cita las Escrituras: "El hombre es la cabeza del hogar" y cosas así. Lo odio. Sin embargo, no hace mucho tiempo, teníamos una relación maravillosa. Yo quiero recuperar eso.

—¿Y tú Daniel? —pregunté yo.

—Sí, todavía la amo. Y no quiero divorciarme. Pero hay cosas que tienen que cambiar. Detesto escuchar que mis decisiones son una locura, que mis amigos son tontos. Me siento acorralado, humillado, como si fuera un niño malo. Se supone que yo sea el hombre de la casa, pero no según ella.

Pasé cuatro o cinco sesiones con Daniel y María explorando su relación. Surgieron varios temas, rasgos asociados muchas veces con "pretender ocupar el lugar de Dios". Fíjese si alguno de ellos le suena familiar en su matrimonio:

- Ambos se denigraban mutuamente en vez de dirigirse al otro con respeto.
- Ambos tenían la tendencia de decir al otro qué hacer en lugar de pedir el cambio.
- Ambos se criticaban mucho y expresaban sus críticas a menudo y sin restricciones.
- Ambos expresaban su opinión como si estuvieran *en lo correcto*, juzgando invariablemente al otro y condenando las acciones del otro.
- Ambos actuaban a la defensiva sobre sus propias acciones y pocas veces admitían cuando habían hecho algo malo.

Podemos ver por qué María y Daniel querían escapar de ese tipo de tiranía. ¿Por qué iban a querer estar en una relación en la que no se sentían amados ni apreciados? ¿Por qué iban a querer estar cerca de alguien que les decía cómo pensar, sentir y actuar?

Esa conducta, la insistencia en "pretender ocupar el lugar de Dios", estaba desgarrando la tela de su matrimonio y es muy común en las relaciones de hoy día.

John Gottman y los cuatro jinetes del Apocalipsis

No, no tiene nada que ver con una película sobre los tiempos del fin. De hecho, "Los cuatro jinetes del Apocalipsis" es un término usado por John Gottman, el renombrado investigador matrimonial de la Universidad de Washington.[1] Gottman encontró cuatro factores relacionados íntrinsecamente con el divorcio. Esos factores son la crítica, el desdén, la actitud defensiva y la táctica obstruccionista. La crítica y el desdén son especialmente pertinentes a lo que estamos tratando en este capítulo.

Cuando miramos más de cerca la relación de Daniel y María, vemos que se han vuelto críticos y despectivos el uno con el otro. En su arrogancia, al creer que saben lo que es mejor para el otro, han cultivado un desdén mutuo. No son simplemente críticos sobre algunas cosas; son críticos con todo. Nada de lo que hace su pareja parece ser digno de alabanza. Esa combinación de factores, según el doctor Gottman, es mortal para un matrimonio.

Gottman dice que el sarcasmo y el cinismo son formas de desdén, como lo son los insultos, ciertos movimientos de los ojos y el humor hostil. "En cualquiera de sus formas, el desdén —el peor de los cuatro jinetes— es venenoso para una relación porque comunica disgusto. Es prácticamente imposible resolver un problema cuando su pareja recibe el mensaje de que usted siente aborrecimiento por él o ella".[2]

El desdén se desarrolla poco a poco en una relación conyugal. Pocas veces sucede porque sí. Si no se corrige, tiene un efecto debilitante. Sin embargo, el desdén no puede florecer en un corazón humilde. No puede existir cuando las personas están tratando de vivir en paz y armonía. Considere lo que el apóstol Pablo tiene que decir acerca de la humildad: "Digo, pues, por la gracia que me es dada, a cada cual que está entre vosotros, que no tenga más alto concepto de sí que el que debe tener, sino que piense de sí con cordura, conforme a la medida de fe que Dios repartió a cada uno" (Ro. 12:3).

Creánme, la humildad no es una cualidad fácil de cultivar. En nuestra sociedad, parece que luchamos con baja autoestima (nos preguntamos si somos suficientemente buenos como para cantar en el coro) o valía exagerada (creemos que debemos ser los elegidos para llenar la vacante en la junta de ancianos). En un momento, nos da temor ofrecer nuestro punto de vista, y en otro creemos que nuestra perspectiva es *la* correcta. Formarnos una opinión saludable y precisa de nuestros puntos fuertes y débiles puede ser un verdadero reto. Sin embargo, el Espíritu Santo puede iluminarnos en ese tema tan importante, sobre todo en lo que respecta a nuestro matrimonio.

Cristo, por supuesto, nos ofrece un vislumbre del equilibrio perfecto. Considere que Él era Dios y aun así no hizo alarde de su poder. Eso es suficiente para darnos una pausa. El apóstol Pablo nos reta diciendo: "completad mi gozo, sintiendo lo mismo, teniendo el mismo amor, unánimes, sintiendo una misma cosa... con humildad, estimando cada uno a los demás como superiores a él mismo" (Fil. 2:2-3). Nos exhorta a tener la misma actitud que Cristo...

> "el cual, siendo en forma de Dios, no estimó el ser igual a Dios como cosa a que aferrarse, sino que se despojó a sí mismo, tomando forma de siervo, hecho semejante a los hombres; y estando en la condición de hombre, se humilló a sí mismo, haciéndose obediente hasta la muerte, y muerte de cruz" (vv. 6-8).

Violación de los límites personales

Cuando examinamos el matrimonio de Daniel y María, vemos muchos problemas, incluidos problemas con la crítica y el desdén. Sin embargo, el mayor que encontré cuando trabajé con ellos fue su falta de respeto a los límites personales. Los límites personales saludables impiden las siguientes conductas hirientes:

- Daniel le decía a María lo que ella estaba pensando (y viceversa).
- María le decía a Daniel lo que él "debía" y "no debía" hacer (y viceversa).
- Estaban dando opiniones no solicitadas.
- Estaban diciendo que las acciones del otro eran "correctas" o "incorrectas".
- Se estaban culpando mutuamente por los problemas de su matrimonio.

Mientras trabajaba con Daniel y María, descubrí que no tenían ni idea de que lo que estaban haciendo era muy destructivo. Nunca habían dado un paso atrás para reflexionar y considerar qué producía aquello en su matrimonio. Nunca se habían tomado un momento para preguntarse cómo era vivir con ellos. Nunca se habían cuestionado si estaban siendo presuntuosos al señalarse los errores mutuos.

Los límites personales, como traté en profundidad en mi libro anterior titulado *Cuando complacer a otros le hace daño*, determinan qué es mi responsabilidad y qué no lo es. Esos límites muestran lo que no puedo cambiar, lo que es de mi responsabilidad cambiar y lo que no lo es. Daniel y María no entendían esos conceptos, y uno de nuestros primeros pasos en consejería fue determinar los límites saludables.

Todas las relaciones sanas se construyen sobre la base de límites saludables. El primer paso es reconocer que, aunque dos personas puedan estar casadas, no son idénticas. Piensan diferente, sienten diferente y disfrutan diferentes cosas. Aquellos que forman parte de las relaciones sanas aceptan esos hechos. Carmen Renee Berry y Tamara Traeder, en su libro titulado *Girlfriends* [Amigas], señalan: "Todas las amistades sanas funcionan dentro de límites mutuamente acordados por ambas partes. De vez en cuando, una amiga considerará que es necesario establecer límites para sí misma que tal vez sean incómodos o incluso dolorosos para la otra".[3]

Daniel y María comenzaron poco a poco a ver que decirle al otro lo que debía y no debía hacer podía ser muy denigrante. Aprendieron que cuando mantenían una postura rígida sobre un tema y procedían a decir a la otra persona que estaba "equivocada", perjudicaban su amor. Se estaban haciendo sentir pequeños mutuamente, y eso nunca es bueno para una relación.

Vivir en oposición

Puede que nos guste ver a los contrincantes enfrentados físicamente, o con actitud fanfarrona en un campo de fútbol o participando en un debate de posibilidades creativas en el trabajo, pero vivir en continua oposición con su pareja produce un estrago enorme en el matrimonio. Y vivir en oposición comienza con actitudes que muchas veces pueden revelar que alguien pretende ocupar el lugar de Dios.

Pensemos en un hombre solitario llamado Francisco, que solo tiene una idea vaga de sus actitudes de oposición. Hoy día tiene setenta y tantos años y vive solo. Es un hombre arrugado con una barba gris desaliñada. Sus ropas están desgastadas y manchadas, y lleva consigo el denso olor del humo. Tiene las uñas manchadas de amarillo por causa del tabaco. Francisco habla con una sinceridad desacostumbrada, llama al pan pan y al vino vino y le importa poco el efecto que causan sus palabras.

Francisco fue a verme con síntomas de una profunda depresión. Se quejaba de tener que consultar a un psicólogo, y era evidente que acudía a la consulta con mucha renuencia: creía que no tenía otro remedio para combatir su estado de ánimo decaído. Se había sentido abrumado por una tristeza constante desde que su última esposa lo dejó varios años atrás, en gran parte, debido a su intolerancia. No tenía amigos y asistía a la iglesia de vez en cuando, lo cual era su única salida para recibir apoyo social.

Hoy día, todavía encuentra faltas en su ex esposa y se obsesiona con esas faltas antes que admitir que la extraña. Se pregunta por qué nadie lo quiere. La amargura le sale por los poros. Medita melancólicamente sobre por qué sus hijos no lo llaman. Pasa los días viendo telenovelas y contando los autobuses escolares que pasan delante de su oscura casa. El periódico es su única conexión con el mundo exterior. No es de sorprender que incluso encuentre faltas en el "periodicucho ese".

Decir que Francisco es exageradamente crítico es un eufemismo. Si las personas no devuelven sus llamadas rápidamente, es porque él no les importa un comino. Si se olvidan de darle las gracias, son ingratos. Otros nunca hacen lo suficiente por él, y sin embargo, para sorpresa de todos, él no se da cuenta de lo exigente que es con los demás y de lo poco que hace por los demás. Francisco ni siquiera disfruta su propia compañía. Sus comportamientos y su actitud crítica están profundamente arraigados, y ambos nos dimos cuenta de que tenía mucho trabajo que hacer si es que quería volver a encontrar la felicidad.

Francisco no siempre fue así. Según cuenta él mismo, tuvo una vida feliz hasta la adolescencia, cuando su padre comenzó a beber y se volvió violento con su madre. Francisco era el mayor de cuatro hijos y fue el que sufrió la ira de su padre. Se fue de la casa tan pronto pudo para escapar de aquella locura y se alistó a la Infantería de Marina. Allí se convirtió en una máquina de guerra eficiente. Las cosas no han cambiado mucho desde entonces. Se ha casado varias veces y tiene antecedentes de uso excesivo de alcohol, lo cual aumenta sus problemas de depresión y aislamiento. Ha peleado con otras personas en todos los aspectos de su vida.

Francisco acepta que puede ser "un poquito difícil y exigente". Con renuencia admite que dirigía a su familia como un general autoritario. Ahora que está solo y asqueado, sigue culpando a los demás de sus problemas y no encontrará alivio hasta que pueda ver el papel que él desempeña en esos problemas. Está encerrado en una prisión que él mismo construyó, es decir, vivir en oposición al mundo, creyendo que está en lo correcto y que el resto del mundo está equivocado.

En su manera precaria, Francisco trató de mostrarme que era capaz de amar. Después de escucharme decir cuánto me gusta el café con leche, me trajo el café con leche más fuerte que me haya tomado jamás. Sonreí con amabilidad mientras el "café con triple dosis de cafeína" me subía al cerebro. "A mí también me gusta", dijo con una sonrisa. Vi un deleite en sus ojos que había estado totalmente ausente. Francisco quería alivio, una conexión con alguien que pudiera entender su mundo oscuro, solitario, absorto en sí mismo.

La ironía de todo es que la depresión de Francisco podría terminar siendo su tabla de salvación, pues tal vez un día sienta la humildad de decidir que ya no puede vivir feliz si se opone a los demás. En su hosca tristeza, tal vez decida que los demás no siempre están equivocados, que él tiene que hacer algunos cambios. Las claves para su alivio son humildad y tolerancia, la dura realidad de que él no es Dios y debe dejar de juzgar a los demás si es que alguna vez va a ser feliz.

Funcionamiento excesivo

Francisco es un hombre enojado y deprimido. Es un ejemplo de nuestro cuarto error grave. Otras formas son un poco más sutiles. Una variación de este tema es el *funcionamiento excesivo*.

Sin duda alguna, usted conoce a alguien que se comporta como Daniel, María o Francisco. Tal vez pueda ver vestigios del tirano egocéntrico y arrogante en la forma en que usted pelea a veces, aunque con más sutileza. ¿Ha descubierto que le gusta desempeñar el papel de Dios? ¿Se ha visto tentado a decir a otras personas cómo vivir su vida, como si no fueran capaces de hacerlo por sí mismas?

Harriet Goldhor Lerner, autora de *The Dance of Intimacy* [El baile de la intimidad], habla de este asunto en detalle. A ese problema lo llama *funcionamiento excesivo* y enumera una serie de rasgos comunes entre las personas que tienen esa dificultad.

- Saben lo que es mejor para ellos y también para los demás.
- Son prestos a aconsejar, arreglar, rescatar y encargarse de las cosas cuando la tensión aumenta.
- Les cuesta no meterse en los asuntos de los demás y dejarlos luchar con sus propios problemas.
- Evitan preocuparse por sus propias metas y problemas concentrándose en las metas y los problemas de los demás.
- Les cuesta compartir su propio lado vulnerable, *que funciona con deficiencia*, sobre todo con aquellos que creen que tienen problemas.
- Pueden parecer ser "siempre confiables" o "siempre estables".

Lerner agrega: "Si funcionamos en exceso, puede que de verdad creamos que Dios está de nuestra parte. Claro, hemos hecho todo lo posible por ser útiles, y nuestra mayor fuente de angustia es la otra persona, la cual no puede o no está dispuesta a corregirse".[4]

Tener un pariente o vecino con esas cualidades es una cosa, pero vivir con una persona dominante es otra muy distinta. De hecho, esas cualidades no son solo molestas; son tóxicas para la salud del matrimonio. Considere en qué categoría está usted en la lista de más arriba. ¿Con qué facilidad cae en el funcionamiento excesivo?

Otro aspecto del funcionamiento excesivo implica hacernos responsables de nuestras proyecciones. Eso quiere decir que muchas veces, cuando estamos diciendo a los demás cómo vivir la vida, en realidad estamos actuando desde una parte oculta y oscura de nuestra vida. Nos disgusta en los demás lo que no soportamos en nosotros mismos. Somos intolerantes de los rasgos de los demás porque esos son los mismos rasgos que despreciamos en nosotros.

Daniel, María y Francisco funcionaban en exceso a veces. Siempre que intentaban hacer más de lo que debían, estaban funcionando en exceso. Cuando hacían algo por personas que debían ocuparse de sí mismas, estaban funcionando en exceso. Cada vez que intentaban controlar la vida de otra persona, incluso si sus intenciones eran buenas, estaban funcionando en exceso.

Stephanie Dowrick, en su libro titulado *El perdón y otros actos de amor*, ofrece el siguiente reto y esta exhortación:

> Solo si se arriesga a saber lo complejo y contradictorio que usted es, y si asume la responsabilidad de quién es esa persona, podrá descubrir que en realidad puede tolerar sus propios deseos, necesidades y emociones incómodas, y que ya no necesita creer que están sucediendo en otra parte... Si sabe quién es usted, si se siente responsable de quién es y de lo que hace, podrá tolerar la mayoría de las cosas que la vida nos da y sentirse cada vez con más confianza de que lo puede hacer.[5]

Si pasamos más tiempo escuchando lo que sucede dentro de nosotros y asumiendo la responsabilidad de los aspectos incómodos de nuestra naturaleza, pasamos menos tiempo criticando a los demás. Cuando vemos la viga en nuestro propio ojo, no nos preocupamos tanto por la paja en el ojo ajeno. ¡Qué concepto tan potente!

El poder de la dogmatización

Puesto que el control presuntuoso es tan destructivo, debemos preguntarnos a nosotros mismos por qué lo consideramos tan atractivo. La respuesta se halla en una palabra: *poder.*

Sí, así es. *La dogmatización da poder.* Los que funcionan en exceso o se comportan como dictadores en sus casas encuentran un sentido de valía cuando dirigen los acontecimientos. Ven que hay que hacer algo y deciden garantizar que se haga. La madre o el padre dominante dice a la familia cómo se harán las cosas, y su palabra es la ley. Las personas usan un poder crudo e intoxicante para llenar huecos en su alma —los resultados de una autoestima dañada por causa de años anteriores de tormento familiar.

Otra razón para la dogmatización es *el papel de la niñez.* Normalmente, los sargentos instructores no nacen, se hacen. Muchos descubren temprano en la vida que su papel en la familia será cuidar de los demás. Comienzan dando órdenes a los hermanos menores y avanzan hasta dar órdenes a sus cónyuges.

Otros han aprendido erróneamente que *el mundo es blanco y negro, bueno y malo.* Muchos creen de verdad que hay una forma correcta de hacer las cosas y que todo lo demás es malo. Las personas que tienen esa perspectiva tan estrecha del mundo meten a la fuerza a sus cónyuges en cajas que pueden ser muy sofocantes. Los dogmatizadores rígidos puede que ni siquiera sean conscientes de que están controlando a los demás con esa mentalidad limitada. El mundo de los dogmáticos es pequeño, y ellos esperan que uno se amolde a ese mundo. Si usted tiene alguna duda sobre su veracidad, ¡le pueden dar una gran cantidad de pruebas que respaldan su postura!

Por último, *la dogmatización suele provocar una reacción en la otra persona.* Cuando una persona ofrece sin reservas su perspectiva "correcta" del mundo, el que está del lado receptor naturalmente se pone a la defensiva. Ambas partes adoptan sus posturas, edifican sus fortines y llevan refuerzos para proteger su territorio. Reducen sus relaciones a batallas que hay que ganar o perder.

Confrontar esas diferentes "razones" para la dogmatización exige una gran cantidad de madurez. El cambio comienza cuando nos damos cuenta de que querer ocupar el lugar de Dios no tiene cabida en una relación vibrante y creativa. Entender y respetar los límites de los demás exige fortaleza y humildad. Exige que les permitamos cambiar y crecer a su propio paso. Solo con una resolución discreta, podemos dejar a los demás cometer sus propios errores y aprender de ellos. Necesitamos fortaleza para hacernos a un lado y permitir que los demás sigan el camino de su propia elección. A veces, mantenernos alejados de la situación y limitarnos a orar por esta es más magnánimo que meternos en la vida de otra persona en el nombre del rescate.

El amor es separación

Scott Peck tiene otra perspectiva sobre la importancia de la separación y la individualidad en las relaciones:

Aunque el acto de fomentar el crecimiento espiritual de otra persona produce el efecto de fomentar el propio, una característica principal del amor genuino es que se mantenga y se preserve la distinción entre el uno y el otro. El amante genuino siempre percibe al ser amado como alguien que tiene una identidad totalmente separada. Más aun, el amante genuino siempre respeta e incluso exhorta esa separación y la individualidad singular del ser amado. Sin embargo, no percibir ni respetar esa separación es sumamente común y la causa de gran parte de las enfermedades mentales y del sufrimiento innecesario.[6]

Peck sigue explicando que no percibir la separación de la otra persona es narcisismo, algo que tanto Daniel como María tenían en grandes cantidades. Básicamente, el narcisismo dice: "Pensarás como yo, serás como yo y harás lo que yo quiero que hagas". Demuestra que los límites saludables no existen y no reconoce a los demás como separados de nosotros mismos. Nuestros cónyuges se transforman en simples extensiones de nuestras voluntades y no personas distintas con sentimientos y pensamientos distintos, pensamientos y sentimientos que para ellos son perfectamente aceptables.

Mi consultorio se compone principalmente de mujeres que, en un sentido u otro, han perdido su individualidad a través de un proceso insidioso. Considere la mujer que se cría esperando ser madre, esposa y cuidadora. La han preparado para dar, para dedicar más tiempo a los demás que a ella misma. Desea tener éxito en el mundo laboral, pero muchas veces descubre que sus responsabilidades de atender a los demás le minan la vida. Sus hijos esperan mucho de ella; su esposo espera incluso más; su jefe quiere todo eso y algo más.

De una manera sutil pero incesante, la separación da paso al agotamiento y al desaliento. Hay muchas fuerzas que le dicen cómo pensar, comportarse y ser. A la larga, en total frustración, puede que ella se defienda ferozmente.

Cuando consideramos el problema en estos términos, podemos ver lo destructiva que es la falta de separación en un matrimonio.

Y sin embargo, gracias a la negación, muchos como Daniel y María tratan de tener el control, mientras que no se ven mutuamente como seres humanos viables, capaces de manejar su vida plenamente.

El poeta Khalil Gibran escribió acerca del valor de la separación en las relaciones:

> Pero dejad que haya espacios en vuestra cercanía.
> Dejad que los vientos del cielo libren sus danzas entre vosotros.
> Amaos el uno al otro, pero no hagáis del amor una atadura.
> Que sea, más bien, un mar movible entre las orillas de vuestras almas.
> Llenaos uno al otro vuestras copas, pero no bebáis de una sola copa.
> Daos el uno al otro de vuestro pan, pero no comáis del mismo trozo.
> Cantad y bailad juntos y estad alegres, pero que cada uno de vosotros sea independiente.
> Las cuerdas de un laúd están solas, aunque tiemblen con la misma música.
> Dad vuestro corazón pero no para que vuestro compañero se adueñe de él.
> Porque sólo la mano de la vida puede contener los corazones.
> Y permaneced juntos, pero no demasiado juntos.
> Porque los pilares sostienen el templo, pero están separados.
> Y ni el roble crece bajo la sombra del ciprés ni el ciprés bajo la del roble.[7]

Me sentí atraído hacia la obra de Khalil Gibran durante los años inestables y llenos de angustia de cuando era un adulto joven. Él sabía decir cosas que yo sentía, pero que no sabía expresar.

Recuerdo leer las palabras que aparecen arriba y sentirme desconcertado. ¿Qué quería decir con eso de "permaneced juntos pero no demasiado juntos"? Ahora veo la verdad en esas palabras.

Escuchemos de nuevo a Peck mientras describe las trayectorias solitarias del matrimonio. "El regreso de la persona al matrimonio o a la sociedad desde las cimas donde él o ella han viajado solos sirve para elevar ese matrimonio o esa sociedad a nuevas alturas. De esa forma, el crecimiento individual y social son interdependientes, pero la parte del crecimiento siempre es inevitablemente solitaria".[8]

Soledad

Para muchas personas, la soledad puede ser aterradora. De hecho, algunos creen que es peligroso para la salud de una relación. Yo no estoy de acuerdo. Las cantidades razonables de soledad, igual que los condimentos de un plato *gourmet*, añaden sabor y calidad a la relación.

Anthony Storr, en su obra pionera titulada *Soledad*, escribe que la capacidad de sentirse cómodo cuando se está solo es señal de madurez. Por otro lado, la dependencia de los demás es señal de inmadurez. Storr insiste en que la soledad puede ser un recurso valioso. "Permite a hombres y mujeres mantener el contacto con sus sentimientos más profundos, afrontar la pérdida, discernir sus ideas, cambiar actitudes".[9] Él compara la soledad con el tiempo del sueño, un tiempo en que metabolizamos los acontecimientos retadores de nuestra vida.

Para algunas personas, la idea de estar solos es abrumadora. Anidan inseguridades, y las refuerzan estando con sus parejas, hijos o amigos en todo momento que sea posible. Sin embargo, ese enmarañamiento no es saludable para aquellos que temen a la soledad ni para las personas en quienes se apoyan. Debemos tener en cuenta que, a veces, Cristo optó por estar solo para ponderar sus pensamientos y sentimientos, y tener comunión con el Padre.

Busco cierto grado de soledad para mantener mi bienestar emocional. Esa no es una conducta antisocial; es que necesito tiempo para poner mis ideas en orden y poder ser una persona más sana y sociable. Tengo más que ofrecer después de haber dispuesto de tiempo para escribir en mi diario y orar. Noto que soy más paciente con los demás y siento mucha menos necesidad de arreglar, controlar o manipular cuando he tenido tiempo para procesar las emociones de mi corazón.

Hace poco, un amigo me confrontó por haberme ido de una cena antes que otras personas. Él pensaba que yo tal vez me había enojado o molestado por algo. Después de darle las gracias por su preocupación, le aseguré que estaba completamente en paz. De hecho, me fui de la reunión en el momento preciso: después de sentirme cómodamente "lleno" de buena comida y buena conversación. Le mencioné que también quería reservar un poco de tiempo para estar a solas más tarde esa misma noche. Le dije que esperaba que me comprendiera y que no tomara mi partida como una ofensa personal.

Las preguntas de mi amigo sugieren que los demás no siempre entienden nuestra necesidad de estar a solas. Puede que interpreten nuestro amor a la soledad como un rechazo personal, aunque no lo sea. Podemos hacer todo lo que esté de nuestra parte para explicar, pero a la larga, ellos tienen que resolver el asunto.

Individualismo evasivo

Cuando hablo del peligro de una conducta, soy consciente de que los lectores podrían creer que estoy fomentando lo opuesto. No es así. Las conductas extremas, sobre todo cuando tienen que ver con el delicado arte de las relaciones humanas, casi siempre nos causan problemas.

Muchas veces en mi consultorio, he visto en las parejas el mismo enmarañamiento. He visto personas que les dicen a sus cónyuges audazmente cómo deben pensar y comportarse. Esa conducta extrema, en la forma de violar los límites emocionales de la otra persona, es muy destructiva. Sin embargo, también veo lo contrario muchas veces: parejas que viven con una actitud de "vive y deja vivir". Por lo que a mí respecta, eso no es matrimonio.

A veces puede ser difícil encontrar el equilibrio. Piense en los cónyuges que, queriendo ser justos y no inmiscuirse demasiado…

- evitan dar una opinión;
- raras veces comparten sus sentimientos;
- raras veces solicitan o exigen;
- no pueden distinguir sus creencias de las creencias de los demás;
- no pueden arriesgarse a volverse dependientes de otra persona.

Esos rasgos no coinciden con nuestra definición de intimidad saludable. Más bien encajan con la persona que desea mantener una distancia segura de todo tipo de cercanía. Funcionamiento excesivo puede tener sus propios retos, pero también los tienen las conductas distantes de los individualistas evasivos, quienes muchas veces cumplen menos de lo que deben. Ninguno de los dos senderos nos lleva al sagrado terreno de la intimidad.

Cómo diferir mutuamente en el amor

Entonces, ¿cómo encontramos el equilibrio? ¿Cómo es? Creo que la respuesta radica, al menos en parte, en tolerar las diferencias entre nosotros y nuestros cónyuges. Debemos entender que esas diferencias son las que nos atrajeron a ellos al principio. Al tolerar las diferencias, estamos aplicando la directriz del apóstol Pablo de diferir mutuamente en amor.

"Hablando entre vosotros con salmos, con himnos y cánticos espirituales, cantando y alabando al Señor en vuestros corazones; dando siempre gracias por todo al Dios y Padre, en el nombre de nuestro Señor Jesucristo. Someteos unos a otros en el temor de Dios" (Ef. 5:19-21).

Este pasaje ha sido muy maltratado y apenas se reconoce en algunas interpretaciones. A menudo he escuchado a personas que pasan por encima estos versículos para dar énfasis al siguiente, el cual dice que las esposas deben estar sujetas a sus maridos, que los hombres son la cabeza del hogar. Pero aislar ese versículo del pasaje anterior no hace justicia al significado de las Escrituras. Puede que nos sintamos tentados a controlar a los demás, a convertirlos en una imagen de nuestra fabricación. Sin embargo, ese tipo de intolerancia no es de lo que Pablo habla.

Lo que el apóstol quería decir era que los esposos y las esposas deben someterse mutuamente. Han de ser sensibles a las necesidades del otro y hacer todo lo que esté a su alcance para satisfacerlas. Han de ver a sus parejas como seres distintos de ellos, separados de ellos, con necesidades únicas. No han de controlar ni dominar a sus cónyuges, ni decirles cómo vivir.

Tampoco han de vivir totalmente separados de su pareja. Pablo se imaginó una interacción íntima y santa entre los esposos, donde

"...cada uno de vosotros ame también a su mujer como a sí mismo; y la mujer respete a su marido" (v. 33).

Daniel y María a la larga usaron este pasaje para mejorar su relación. Evitaron criticarse el uno al otro y practicaron la exhortación mutua. Cuando deseaban un cambio, lo pedían de una manera respetuosa, permitiendo a la otra persona la libertad de disentir. En lugar de decirse el uno al otro cómo vivir, pusieron en práctica ver a la otra persona como un ser separado, un adulto que funciona plenamente, incluso cuando no estaban de acuerdo con las acciones de la otra persona.

Fue emocionante ver a Daniel y a María practicar esas habilidades en el contexto de sus problemas específicos. Daniel reveló que el hábito de María de salir con sus amigas, en combinación con lo que él consideraba una manera atrevida de vestir, lo atemorizaban. Con el tiempo, pudo decirle eso a María de una manera respetuosa sin poner en tela de juicio su carácter. Y lo que es más importante, le habló sin exigirle que cambiara. Cuando Daniel cambió su estilo de comunicación, lo cual incluyó hacerse responsable de sus inseguridades, María estuvo más dispuesta a limitar sus salidas, lo cual agradó mucho a Daniel.

Y a medida que María se impresionaba más y más con los cambios que vio en Daniel, su resentimiento comenzó a desaparecer. Pudo compartir sus temores sobre la manera de beber de él y lo que ella consideraba el carácter cuestionable de sus amigos. Puesto que Daniel sentía una compasión cada vez mayor por María, estuvo dispuesto a cambiar su conducta. Juntos, esta pareja cultivó una relación en la que ambos salieron ganando.

En esa atmósfera de respeto, tanto Daniel como María pudieron cambiar más fácilmente su manera de gastar y de elegir sus amistades. En el momento de escribir este libro, están pensando en volver a vivir juntos para trabajar más en establecer límites saludables en su matrimonio.

Tal vez la situación de Daniel y María sea igual a la suya. Usted tiene que aceptar el hecho de que no puede cambiar a su pareja. Incluso si ve a su cónyuge hacer algo que le molesta terriblemente, lo único que puede hacer es hablar al respecto con él o ella. La mayoría de las veces, eso es lo suficientemente poderoso como para lograr el cambio.

Tiene que aprender a aceptar su impotencia, sabiendo que no puede exigir que su esposo o esposa cambie para ajustarse a su gusto. No puede predicar ni dogmatizar verdades a su pareja, por muy tentador que eso pueda ser. Hasta Jesús honra nuestra individualidad y derecho de aceptarlo o rechazarlo. Nos da el poder de elegir, y nosotros debemos hacer lo mismo. Recuérdese que Dios es Dios, y usted, no; ¡y la vida es mejor así!

Capítulo 5

Llueve sobre mojado:
La importancia del perdón

La debilidad es una fuerza poderosa en el universo;
no la tiremos. Si se quiere convencer a sí mismo del poder
de la mansedumbre, piense en cómo nos tiene asidos.
VERONIQUE VIENNE

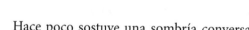

Hace poco sostuve una sombría conversación con un hombre alemán de mediana edad, alguien a quien conocí en una clase que impartí en mi iglesia. Aquel hombre corpulento y calvo se me acercó después de la clase, y era evidente que estaba preocupado. Conversamos sobre su frustración por el conflicto crónico entre sus tres hijos, de cuatro, siete y once años de edad. Tanto Carlos como Guillermina, su esposa, tenían carreras profesionales prósperas como diseñadores y decidieron tener hijos tarde en la vida. Me dijo que él y su esposa no habían calculado bien los retos que representan los niños pequeños. Aunque la crianza de los hijos también les daba gozo, habló claramente del estrago que la situación estaba causando en su vida conyugal.

"*Das tropfende wasser hohlt den Stein*", dijo en voz baja mientras alejaba la mirada.

Cuando Carlos me miró de nuevo, tenía los ojos tristes.

Le pregunté qué había dicho. Lo poco de alemán que una vez supe ya no existía.

Hizo una pausa, como si se arrepintiera de haberlo dicho. Prosiguió hablando de un refrán que tienen en su país: "Tanto cae el agua en la piedra que al final la horada".

Sonreí dándole la razón y le dije que yo conocía un proverbio que decía básicamente lo mismo: "La mujer pendenciera es gotera constante".

—Oh, no —dijo él rápidamente en aparente consternación—. No son lo mismo. Para nada.

—¿Por qué no? —pregunté yo.

—Tener una molestia es una cosa, pero que a uno le desgasten la vida es algo muy distinto.

—Sí —dije yo—. Veo la diferencia. ¿Usted y su esposa sienten que las peleas de sus hijos les quitan algo?

—Sí. Sobre todo mi esposa. Y siento mucha lástima por ella. Nuestros hijos no tienen la intención de herirnos. Pero sus constantes intentos de aterrorizarse mutuamente nos hacen perder algo que me temo no podemos reemplazar. Sus discusiones parecen interminables. Le restan a nuestra felicidad, y me pregunto si tomamos la decisión correcta cuando decidimos tener hijos. Me entristece.

Hice una pausa y reflexioné en su respuesta.

Carlos tenía razón. Los dos dichos eran diferentes.

¿Quién no se ha despertado con el ruido de la llave que gotea? ¿A quién no le molesta la puerta que chirría? Sí, esas cosas nos molestan. Pero Carlos estaba describiendo una situación que llegaba mucho más lejos. Su situación tenía que ver con la irritación constante de hijos que pelean, similar a los cónyuges que se desgasten mutuamente con una crítica continua.

Todos conocemos el poder que el agua puede tener con el tiempo. Tiene la capacidad de erosionar la integridad del granito. Notamos las piedras suaves en la playa desgastadas por el lavado del mar. Vemos donde la cascada ha cavado un sendero a través de la tosca piedra. Vemos donde los ríos han esculpido corredores a través de cordilleras.

El error grave que trataremos en este capítulo se parece mucho al poder del agua sobre la piedra. Más que un irritante llover sobre mojado —en este caso, arengar a su cónyuge acerca de un asunto muy trillado—, tiene el poder de erosionar la integridad de un matrimonio. De manera insidiosa, esa energía destructiva erosiona una relación poco a poco, muchas veces sin que las personas lo noten.

Durante los días que siguieron, medité en el proverbio alemán y su aplicación al matrimonio. ¿Qué sucede cuando las parejas siguen sacando a relucir viejos temas que mejor sería olvidar? ¿Son esas conversaciones más parecidas a la mujer (¡o el hombre!) gruñona, una fuente de irritación, pero relativamente inocua, para la integridad del matrimonio? ¿O se parecen más al agua sobre la piedra que, con el correr del tiempo, erosiona la fortaleza y la estructura de la relación? Vamos a explorar cómo saber la diferencia en su matrimonio y qué hacer al respecto.

Juana

Juana es una mujer de treinta y cinco años que vino a verme por un asunto irritante en su matrimonio. Juana era una mujer atractiva, de contextura pequeña, a quien le gustaba su trabajo a medio tiempo como oficinista en una compañía grande de neumáticos. Si no fuera por ese dilema, su vida sería perfecta, dijo ella.

—Tengo un matrimonio maravilloso. Tomás y yo hemos estado casados durante quince años. ¡Fantásticos años! Amo mucho a mi esposo, y él me ama a mí. Él es maestro, por lo que tenemos mucho tiempo libre para estar juntos. Decidimos no tener hijos y nunca lo hemos lamentado. Participamos activamente en nuestra iglesia, pasamos los veranos viajando y contribuimos mucho a la comunidad. Solamente tenemos un problema, y ha empeorado con el tiempo: mi esposo no deja de molestarme por mi hábito de fumar.

—Y bien, dime cómo lo has manejado.

—Bueno, él fumó también durante muchos años, o sea que en ese entonces no era un problema importante. Pero recientemente, nos hemos preocupado más por nuestro estado de salud, y hace dos años, Tomás dejó de fumar. Yo fumo menos, pero no lo he dejado. Me siento muy mal por fumar y por eso escondo mis cigarrillos. Sé cuánto lo detesta él, y yo también lo detesto, pero no he podido dejarlo. He probado con el hipnotismo, los chicles y otros métodos, pero nada me ha dado resultado. Ahora, cada vez que él me encuentra fumando, tenemos una pelea grande.

—Cuéntame más, Juana, de por qué ahora escondes tu hábito de fumar si era algo que solías hacer abiertamente.

—Tomás me sermonea. Recorta artículos de periódico sobre el cáncer de pulmón y los deja por ahí para que yo los lea. Cita las Escrituras sobre todos los temas que vagamente se relacionan con la salud, como "ofrecer vuestros cuerpos en sacrificio vivo". Yo lo detesto, pero probablemente lo merezca.

—¿De verdad crees eso?

—Sí. Sé que debo dejarlo. Pero cuando él comienza a sermonearme, prefiero esconderme. Lo evito y me abochorno cuando lo escucho entrar por la puerta. Entonces me siento incluso más culpable. La cosa ha empeorado tanto que he comenzado a sentir resentimiento por él y por mí misma. Hace comentarios sobre mi aliento y cómo huelo, y no le gusta besarme. Eso ha afectado a nuestra intimidad.

—¿Has hecho algo para respetar sus sentimientos? —pregunté yo.

—Definitivamente —dijo Juana—. No fumo en la casa. No fumo en el auto. Me he vuelto obsesiva con el lavado de la ropa para que no huela a cigarrillos. Hasta uso un enjuague bucal antes de irme a la cama para no oler a tabaco. Pero no importa. Él sigue haciendo comentarios sarcásticos, y eso me aleja.

—¿Le has pedido que deje de hacerlo?

—Sí. Pero él no deja el asunto tranquilo. Ya expresó su punto de vista. Sé lo que hay que hacer, pero él sigue sacándolo a relucir. Cada vez que lo hace, reacciono negativamente. Le grito y le digo que se meta en sus propios asuntos. Me quiero vengar. Tal vez sea por eso que todavía fumo.

El problema de Juana y Tomás no es único. Muchas parejas luchan con algún asunto como el hábito de Juana. Quizás uno de los cónyuges está enojado y molesta al otro por la manera de gastar, la elección de amigos o el tiempo excesivo que pasa frente al televisor. No es que esos temas sean insignificantes ni que no tengamos que establecer límites adecuados en el matrimonio. Muchas veces en mis libros he aconsejado acerca de no andar de puntillas y adoptar una postura firme. Pero las riñas constantes no benefician a nadie. Las disputas interminables, combinadas con una manera ineficaz de resolver problemas, acaban con la relación. Hasta asuntos que parecen bastante sencillos se pueden volver inmensamente destructivos cuando los sacamos a relucir una y otra vez. Es como llover sobre mojado. Repasemos el dilema de Juana.

- A ella no le gusta su hábito de fumar.
- Ella respeta el efecto que su hábito tiene en su esposo.
- Ambos disfrutan de un matrimonio maravilloso.
- A Tomás lo perturba el hábito de fumar de Juana.
- Él la trata con desdén por su hábito de fumar: la sermonea, la regaña, le predica y la molesta al respecto.
- Ella responde sintiéndose incluso más culpable y enojada, y por eso intenta esconder su hábito.
- Él se enoja incluso más como resultado de todo ello.
- La intimidad en su matrimonio disminuye.

Juana y Tomás han creado una manera de hablar tipo padre-hijo cuando se trata del hábito de Juana. Tomás continúa insistiendo en lo mismo, lo cual hace que Juana se sienta culpable, sienta resentimiento hacia él e intente esconder su hábito. Claro, esa conducta infantil no resuelve nada, y el problema aumenta.

Tal vez usted se sienta tentado a ponerse del lado de Tomás en esta batalla. ¿Quién quiere estar casado con alguien que tiene un hábito tan molesto? Sospecho que ninguno de nosotros. Sin embargo, Juana ha tenido ese hábito durante todo su matrimonio, y Tomás es el que ha cambiado. Más aún, Juana respeta los sentimientos de Tomás incluso cuando todavía no ha logrado dejar el hábito.

Pero en vez de correr a la defensa de Tomás, también debemos mirar de cerca su comportamiento. A pesar de que podemos sentir empatía por lo que él cree del hábito de fumar de Juana, sus acciones empeoran las cosas. Él insiste en el tema del hábito de su esposa. Exhibe errores de los que hemos hablado ya en este libro, como dogmatizar, querer ocupar el lugar de Dios e intentar forzar su "sabiduría" en ella. Él le ha dicho lo que piensa:

- "Tienes que dejar de fumar".
- "Estás arruinando tu salud".

- "Fumar va contra las normas de Dios para tu cuerpo".
- "Debería darte vergüenza".

Por supuesto, Juana resiente eso. Llover sobre mojado es como echar leña al fuego. Las acciones de Tomás no la ayudan con su adicción a la nicotina. Para lo único que sirven es para que ella se decepcione consigo misma y se resienta con él.

¿Cómo pueden salir de esa lucha de poder sin perjudicar su matrimonio? No debemos buscar remedios mágicos, pero sí podemos encontrar respuestas verdaderas. Las parejas pueden lidiar con retos como la batalla de Juana y Tomás por los cigarrillos. Permítame compartir el consejo que le di, en la espera de que ella también lo compartiera con él.

Primero, *deben desvincularse de su lucha por el poder*. Dicho sencillamente, Tomás no puede obligarla a dejar de fumar. No hay sermones, zalamerías, culpabilidad ni sagacidad persuasiva que pueda obligarla a cambiar de parecer. Si así fuera, ya hubiera sucedido. No, ese es su problema, y ella tiene que decidir lo que va a hacer al respecto. Tomás tiene derecho a sus sentimientos sobre este asunto y, por supuesto, tiene derecho a determinar el curso de acción que considere apropiado para él. Pero no obtendrá ninguna ventaja subyugando a Juana con sus preocupaciones.

Segundo, *la lucha por el poder en realidad agrava el problema*. Condenar a alguien por un problema nunca ayuda a resolverlo. La lucha de poder sobre el problema refuerza las posturas de las personas. Siempre se impone algo de rebeldía. Eso pocas veces fomenta un espíritu de cooperación. De hecho, la emoción negativa o la condena en realidad producen resentimiento y tienen el poder de afianzar el problema.

Recuerdo específicamente una batalla que tuve con mi padre durante la adolescencia. Él insistía en que yo sacara la basura a tiempo. Sin embargo, lo que para él era "a tiempo" no lo era para mí. Le aseguraba que lo haría en algún momento. El problema fue que no lo hacía. Sus sermones y regaños nunca me persuadieron de sacar la basura cuando correspondía. ¿Por qué? Porque ya había decidido lo contrario. No iba a permitir que ganara. Mi problema era similar a la lucha entre Juana y Tomás.

Recuerdo una situación que tuvo que ver con mis hijos y que ahora parece vergonzosamente trivial. Pero en aquel momento, parecía un asunto grave.

Cuando mis hijos eran adolescentes, tenían la costumbre de ponerse mis medias deportivas. Les pedí una y otra vez que no lo hicieran, pero por más que lo intentaba, la conducta continuaba. Por mucho que los regañara, siempre tenían una razón para tomar mis medias prestadas.

Cuando miro atrás a aquella tonta batalla, veo que mis gritos y mis sermones no hicieron absolutamente nada para alterar su conducta. Si acaso, parecía reforzar sus acciones. Creé una tormenta en un vaso de agua. Mis hijos estaban resentidos porque yo los sermoneaba, y yo sentía resentimiento hacia ellos por hacer caso omiso de lo que consideraba una solicitud perfectamente razonable. Las cosas no mejoraron hasta que finalmente decidí que el asunto no tenía importancia y simplemente lo dejé.

Tercero, *cada persona necesita entender de verdad las limitaciones del otro.* Juana estaba limitada en su capacidad de dejar de fumar, y Tomás estaba limitado en su capacidad de aceptar el hábito de ella. Cada uno necesitaba entender y sentir empatía por el otro. Él quería desesperadamente que ella dejara de fumar. Ella quería buscar por sí misma la solución a su adicción a la nicotina. La empatía los ayudaría a dejar de intentar cambiar a la otra persona y a cultivar una relación de cooperación. Robert Wicks, en su libro titulado *Touching the Holy* [Tocar al Santo] dice:

> En el proceso de aceptar las limitaciones de los demás y dejar el asunto de lado, tenemos que ser sensibles a nuestra propia creencia, a veces estrecha e insensible, de que solo nosotros tenemos la respuesta a las preguntas y los problemas de la vida de los demás… Por consiguiente, la humildad y la paciencia son la contraseña para los que prefieren ser personas solícitas. Como sabemos y probablemente hayamos experimentado por nosotros mismos, se ha hecho mucho daño sin querer en el nombre del bien.[1]

Cuarto, *¡desista!* Sí, simplemente desista. Tomás tiene que dejar de intentar controlar a Juana. Ella necesita dejar de intentar racionalizar su hábito. Todo lo que había que decir ya se dijo. Ahora desisten y ponen en práctica la "Oración de la serenidad".

> "Señor, concédeme la serenidad para aceptar las cosas que no puedo cambiar, el valor para cambiar las que sí puedo y la sabiduría para conocer la diferencia".
> —Reinhold Niebuhr

Quinto, *necesitan establecer límites saludables en su matrimonio.* Nunca aconsejé a Tomás directamente, pero sí exhorté a Juana a que estableciera algunos límites saludables. Tomás tenía derecho a sus sentimientos, pero no tenía derecho a comportarse como si fuera el padre de Juana regañándola y sermoneándola. Ella necesitaba decirle a Tomás con firmeza que no iba a esconder sus actividades, y que sus esfuerzos por controlarla eran contraproducentes. Iban a tener que negociar cómo manejar su hábito de fumar sin entrar en luchas de poder inmaduras.

Por último, *tienen que fomentar una actitud de colaboración hacia la negociación mutua.* Las parejas han enfrentado problemas mucho mayores que el que uno de los dos tenga una adicción a los cigarrillos. ¿Era aquel un problema grave? Sí. ¿Lo podían tratar como adultos maduros? Por supuesto. ¿Podían usar sus energías espirituales, emocionales y creativas combinadas para llegar a un acuerdo? Definitivamente.

Poder y control

No creo que podamos hablar de llover sobre mojado sin hablar de las actitudes que, por lo general, hay detrás de este problema: poder, control e intolerancia. ¿Por qué es tan difícil desistir de un asunto? Tal vez creamos que podemos dictar el resultado si tan solo ejercemos nuestra autoridad.

En el transcurso de los años, he trabajado con personas que han participado de una u otra forma en la violencia doméstica. Como reconoce la mayoría de las autoridades, se trata de un problema de poder y control. Es un problema de intolerancia increíble. Muchas veces es como llover sobre mojado. Permítame darle un ejemplo.

Cuando actúo como moderador de un grupo de hombres, exploramos cómo los problemas de poder y control invaden casi todas las áreas de las relaciones de los miembros del grupo. Aunque la mayoría de ellos percibe la violencia doméstica como un acto que incluye golpes, asfixia y gritos a sus parejas, el problema es muchísimas veces más sutil que eso y mucho más dominante de lo que ellos se imaginan.

Consideremos a Javier, un hombre de mediana edad a quien se le exigió asistir a mi grupo porque había bloqueado la salida de la casa a su esposa después de una discusión. Durante semanas, Javier defendió sus acciones diciendo: "Cualquiera hubiera hecho lo que yo hice si tuviera que vivir con lo que yo he vivido. Mi esposa me engañó hace varios años. Ella quiso justificar sus acciones, y eso me enojó. Merecía lo que recibió".

Javier contó que su esposa Bárbara trabajaba en una tienda local de comestibles. Él quería que ella trabajara para que ayudara a la economía familiar, sin embargo era muy celoso de ella. A principios de su matrimonio, ella le había sido infiel, y él nunca la había perdonado por eso. Ahora, citando su infidelidad de años atrás, insistía en que ella "pagara por eso".

Bárbara pagó mediante llamadas telefónicas que le hacía si iba a retrasarse más de diez minutos en el trabajo. Pagó porque tenía que responder de cada momento de su tiempo cuando iba de compras. Pagó porque tenía que responder interminables preguntas sobre los hombres que iban a la tienda. Javier dominaba todas las facetas de su vida.

Claro, aquella conducta era más que molesta para Bárbara. Javier había sido herido por sus acciones de años atrás y nunca dejó de traer el asunto a colación. Decía que lo había olvidado, pero era evidente que sus acciones contradecían sus palabras. Javier seguía guardando rencor en su corazón y alimentaba las heridas de los años perdidos. Creía erróneamente que si podía mantener cierta apariencia de control sobre su esposa, podría "protegerse de pasar por tonto otra vez".

En su libro clásico titulado *Caring Enough to Forgive* [Suficiente amor para perdonar], David Augsburger habla del daño que causa aferrarse a las heridas.

> Cuando recuerdo, repaso, reciclo y vuelvo a procesar experiencias pasadas, me estoy aferrando a ellas emocionalmente a pesar de que sé muy bien que forman parte del pasado.
>
> Sé que el pasado existe solo en los recuerdos y en las consecuencias. Y a pesar del hecho de que el recuerdo es solo recuerdo, participo en él emocionalmente otra vez como si fuera en la actualidad. Y en lugar de aceptar las consecuencias y explorar maneras de cambiarlas o utilizarlas, las rechazo y trato de regresar en el tiempo y deshacerlas. Ambos actos son intentos de aferrarse al pasado y actuar como si todavía fueran parte del presente. Para decirlo de una manera más franca, el resentimiento es un mordisco de bulldog que aprieta los dientes del recuerdo en el pasado muerto y se niega a soltarlo...
>
> *Te exijo* que retrocedas en el tiempo y deshagas lo que ya está hecho... *Te exijo* que cambies lo que no se puede cambiar, formes lo que todavía no se ha formado, reformes lo que ya está formado... *Te exijo* que aplaques, pacifiques, te postres, sufras en expiación por tu incapacidad de hacer lo imposible.[2]

Es evidente que hacer esas exigencias en un matrimonio es ridículo. No podemos retroceder en el tiempo. No podemos revertir el daño que le hemos hecho a otra persona. Pero sí podemos pedir perdón. Podemos hacer correcciones. Podemos perdonar y avanzar, con cicatrices, limitaciones y todo.

La ira

Javier alimenta un rencor que perdura y lo consume. Se concentra de manera obsesiva en la conducta de Bárbara y cree erróneamente que puede protegerse de una nueva traición. Todo el que ha sido traicionado puede entender su herida profunda y su deseo de evitar que vuelva a suceder. Pero está lidiando con las cosas de la manera errada.

Cuando pregunté a Javier si estaba enojado con Bárbara, lo negó: "No, eso quedó en el pasado, y no pienso en ello ahora. Simplemente me niego a que me engañen otra vez".

Igual que todo el que tiene problemas con la ira, Javier está centrado en una sola cosa. Tiene una visión estrecha. No reconoce que está consumido por la conducta de Bárbara en el trabajo, sus acciones fuera del trabajo, sus amistades y cómo habla ella con los demás. Exagera las conductas de ella para que parezcan peor de lo que son en realidad. En resumen, está orientado externamente, centrado en Bárbara mientras hace caso omiso de su participación en las cosas: un patrón común en el matrimonio.

Su ira por lo general no es explosiva. Más bien es como el fuego lento, como una meditación melancólica, desconfianza de todo el mundo. Tiene una actitud que se ve en su trabajo, en el hogar e incluso en sus sesiones. Lo han herido profundamente, y no quiere correr el riesgo de que suceda otra vez.

Sin embargo, la ira de Javier está mal dirigida. Detrás de su resentimiento, hay una exigencia y una necesidad implícitas. Si puede entender esa necesidad, puede desistir de su ira. Javier puede dejar de castigar a Bárbara. De la misma forma, el resto de nosotros podemos dejar de insistir en el mismo asunto.

Mientras trabajé con Javier, lo ayudé a ver la exigencia silenciosa de sus acciones. Básicamente decía: "No soporto que me traicionen otra vez. Nadie me volverá a engañar. Mis sentimientos son demasiado frágiles, y no puedo soportar otra traición".

Además, sus acciones eran punitivas y controladoras. Lo que estaba expresando era: "Tú me heriste, y yo era inocente. Tú fuiste mala; yo era bueno. Tú mereces ser castigada, y yo te voy a castigar. Siempre te recordaré el dolor que me causaste. Nunca olvidarás el daño que me causaste".

Cuando vemos nuestra ira bajo esa luz, nos damos cuenta de que es una locura. Vemos su conexión con otros errores que hemos tratado en este libro, como querer ocupar el lugar de Dios. Podemos ver a Javier enderezándose la aureola mientras habla de las malas acciones de su esposa, al tiempo que evita habilidosamente la responsabilidad de su violencia contra ella. Lo vemos vilipendiando a Bárbara, exagerando sus errores y debilidades y haciendo ojos ciegos a sus propias malas acciones. Es posible que su ira nos suene familiar, el producto de una mente engañada que intenta destacar los errores de otros mientras resta importancia a su maltrato a los demás.

Marshall Rosenberg, en su libro titulado *Comunicación no violenta*, dice que la conducta de otra persona no causa nuestra ira. Nuestra propia manera de pensar, sí.

> Siempre que estamos enojados, encontramos faltas en los demás. Optamos por querer ocupar el lugar de Dios juzgando o culpando a la otra persona por estar equivocada o merecer el castigo… en el centro de toda ira, hay una necesidad que no está siendo satisfecha. Por tanto, la ira puede ser un reloj despertador para despertarnos, para que nos demos cuenta de que tenemos una necesidad que nadie está atendiendo y que estamos pensando de una forma que hace improbable que se satisfaga.[3]

Rosenberg nos ofrece algunos ejemplos prácticos para examinar cómo podemos usar la ira de manera inadecuada y cómo podemos aprender de nuestra ira.

> Si alguien llega tarde a una cita y necesitamos la seguridad de que esa persona nos quiere, tal vez nos sintamos heridos. Por otro lado, si nuestra necesidad es pasar tiempo con un propósito y de manera constructiva, tal vez nos sintamos frustrados. Si nuestra necesidad es treinta minutos de soledad en paz, puede que agradezcamos su tardanza. Por lo tanto, no es la conducta de la otra persona sino nuestra propia necesidad lo que causa nuestros sentimientos.[4]

Usando las reflexiones del doctor Rosenberg, vemos que anidar ira contra Bárbara por acciones pasadas hace poco bien a Javier. Lo único que logra es avivar las brasas de la herida que hay adentro. Lo que Javier tiene que hacer es darse cuenta de las necesidades no satisfechas que tiene. Tal vez tenga que abordar asuntos como:

- lamentarse por la pérdida de la inocencia en su matrimonio;
- explorar maneras de crear una intimidad más dinámica en su matrimonio;
- desistir de su necesidad de una relación a prueba de engaños;
- crear maneras de fomentar la confianza en su matrimonio;
- entender cómo perjudican sus acciones a su matrimonio;
- descubrir cómo él también ha sido "infiel" vilipendiando a su esposa.

Dejar la ira exige que asumamos una perspectiva más amplia. Tenemos que superar el "tú me heriste y tienes la culpa". Dejar de lado la ira exige que dejemos de centrarnos en lo inevitable y dejemos de desperdiciar nuestras energías. Exige una decisión de salir del pasado y avanzar hacia el futuro. Exige que entendamos que cuando llueve sobre mojado, no se encuentra alivio. Lo único que se logra es enojarnos más.

Ira constructiva

Tal vez en este momento se esté retorciendo y preguntándose si a veces tenemos derecho a enojarnos. ¿Y si nuestro cónyuge tiene algún hábito destructivo que exige que insistamos en el asunto? ¿Y si hay algo vivito y coleando que exija nuestra atención? En mi opinión, ese es un asunto totalmente distinto.

Digamos que Javier percibe algo en la conducta de Bárbara que agrava su sentimiento de desconfianza. Quizás él nunca lo haya identificado, pero durante la consejería se da cuenta de que a Bárbara le gusta coquetear, aunque proclama su inocencia. Aquí tenemos un problema diferente que exige una solución diferente.

Imaginémonos que a Bárbara le gusta vestirse de maneras provocativas, que usa un lenguaje "picante" y que tiene amigos varones por Internet. Seríamos unos tontos si dijéramos a Javier que desistiera y que se limitara a confiar en Bárbara, mientras ella participa en conductas peligrosas. En este tipo de situación, la pareja debe ser totalmente sincera el uno con el otro acerca de quién tiene el problema. Bárbara debe hacerse responsable de su infidelidad, y Javier es responsable de su ira y su conducta controladora. Lo mismo sucede con Tomás y Juana, quienes tendrán que aclarar qué parte del conflicto le pertenece a ella (fumar y luego esconder su problema) y qué parte le pertenece a él (molestar y sermonear sobre el problema).

Cuando su ira es constructiva, usted asume la responsabilidad de su parte en el problema y toma medidas para eliminarla de la relación. Constantemente tenemos que mejorar las relaciones sanas, y la ira constructiva nos puede ayudar a concentrarnos en resolver los problemas. Dejar que los conflictos se deterioren no es bueno para su matrimonio ni su bienestar. Por fortuna, Javier aprendió poco a poco la importancia de desistir y de ver su parte del problema.

Recuerdo una sesión en particular en la que Javier habló de su pasado de una forma distinta. Se permitió sentir y expresar plenamente el dolor de la aventura de su esposa, lo cual ocurrió años atrás. Con lágrimas en los ojos, contó aquella etapa dolorosa de su matrimonio. También reconoció el papel que él había desempeñado admitiendo que era una persona con la que es difícil convivir, y que sus actitudes y conductas habían contribuido claramente a sus problemas. Por primera vez, asumió la responsabilidad de su patrón controlador constante y su temor a confiar en los demás.

Después de confesar esas cosas, notó que sentía alivio. Dijo que estaba preparado para sentir y confiar otra vez. Evidentemente, Javier había llegado a un punto importantísimo en su vida. Estaba preparado para perdonar totalmente a su esposa por sus acciones y estaba dispuesto a hacer todo lo que estuviera a su alcance para que eso sucediera. Ahora entendía, a un nivel mucho más profundo de lo que había experimentado antes, que el perdón forma parte esencial de la sanidad.

El perdón

El perdón es un sello distintivo del cristianismo. La historia del evangelio nos dice que Dios nos ofrece el regalo del perdón incuestionable despés del arrepentimiento por las formas en que hemos "errado el blanco", por increíble que eso pueda parecer. Cristo no se acuerda más de nuestros pecados. Cuando nos damos cuenta de esto e integramos de lleno esa verdad en nuestro espíritu, entendemos que tenemos que hacer lo que esté de nuestra parte para impartir el mismo don a los demás. Cuando todo se ha dicho, cuando se ha nutrido un rencor lo suficiente, la conversación tiene que llegar al tema del perdón, pues esa es la fuente de sanidad, tanto para el dador como para el receptor.

Todo debate sobre lo que significa llover sobre mojado estaría tristemente incompleto sin hablar del perdón. ¿Quién de nosotros no se puede identificar con este tema? ¿Quién, alguna vez, no anidó rencores, vivió dolorosamente en el pasado y se aferró a una cuestión vieja como un perro a un hueso, aun cuando sabía exactamente lo que estaba haciendo, pero se negaba a dejar de hacerlo?

En un taller reciente que impartí a un grupo pequeño de mujeres, hablamos del tema del perdón porque es un aspecto vital del bienestar. Conversamos sobre la importancia de no dar poder a los demás para que controlen nuestros estados de ánimo. Todo el mundo estaba participando en el tema y asintiendo activamente, cuando de pronto, una mujer de treinta y tantos años habló airadamente de sus sentimientos:

"Estoy cansada de que las personas me digan que tengo que perdonar. Creo que hay veces en que uno no tiene que perdonar. Creo que hay veces en que no se debería olvidar el pasado. Yo fui traicionada y no estoy dispuesta a olvidarlo. Puedo avanzar, pero no voy a perdonar".

La mujer no especificó cuál era su situación, pero las lágrimas que había en sus ojos y la amargura que había en su voz eran suficientes para hacernos reflexionar a todos sobre las traiciones que hemos experimentado. Sus palabras cortadas, su tono áspero y sus suspiros fuertes lo decían todo: alguien la había victimizado, y ella todavía luchaba con su dolor.

Hubo silencio en la habitación durante varios minutos después que ella habló. De inmediato me transporté a traiciones que he experimentado y otras que yo he perpetrado. Sentí el escozor de los ojos que se me llenaban de lágrimas y con esfuerzo pude ocultar mi dolor. De pronto, me transporté a muchos años atrás cuando, de adulto joven, mi mejor amigo traicionó mi confianza engañándome con mi novia. Nuestra amistad se quebró irreparablemente. Sentí el dolor de mi cicatriz interna.

Después de un breve silencio, varias mujeres se apresuraron a ofrecer una rápida guía paliativa.

—Pero tu ira te está haciendo daño solo a ti —comentó una mujer.

—Tienes que perdonar —dijo otra—. Te sentirás mucho mejor si lo haces.

—Sé cómo te sientes —dijo una tercera—. A mí también me han traicionado demasiado, y no es fácil.

Cuando las cosas se calmaron, hablé de mis sentimientos.

—Es muy difícil lidiar con la traición. Veo la tristeza en tus ojos. Yo también conozco el dolor de la traición. El dolor es muy profundo, y el perdón sencillamente no es posible ahora mismo. Con el tiempo, si así lo quieres, el perdón estará disponible para ti. Probablemente venga en capas, poco a poco, pero solo con el tiempo y solo si decides que es algo que tú quieres.

La mujer asintió con la cabeza y miró a su alrededor con tristeza, mientras los demás compartían su asentimiento.

Imaginémonos otra situación: una mujer está llena de rabia porque su esposo infiel la traicionó. ¿Debe ella simplemente saludarlo a la puerta y recordarle con amor que todo está olvidado? Por supuesto, eso sería ridículo. Así como Cristo estaba claramente enojado con los cambistas del templo y profundamente decepcionado cuando Pedro lo traicionó, era comprensible que esta mujer estuviera seriamente enojada. El distanciamiento en su matrimonio solo sanaría con tiempo, esfuerzo e intervención divina. Nunca esperaríamos que ella perdonara instantáneamente. De hecho, el perdón instantáneo o la "gracia barata" es sospechosa, cuando menos.

Aquella mujer no estaba preparada todavía para perdonar, pero iba a tener que dar ese paso en el futuro. Es una tarea que todos enfrentamos en algún área de nuestra vida. A menos que podamos perdonar, seguiremos sacando a relucir un asunto viejo. Como bien dice Augsberger: "El perdón es dejar en el pasado lo pasado; dejar que llegue lo que vendrá; aceptar ahora lo que es".[5]

A veces, la falta de perdón es como llover sobre mojado, sermonear a alguien sobre un tema trillado. A veces surge en forma de recordatorios repetidos de fracasos. A veces provoca comentarios sarcásticos y pinchazos dolorosos.

Como sucede con la mujer del grupo, la falta de perdón puede consumir a una persona de adentro hacia afuera. Un recordatorio constante en nuestro interior que dice: "No puedo olvidar esto". Esos pensamientos persistentes pueden dar como resultado pérdida de sueño, obsesión con el traidor y sus acciones, y pensamientos de venganza.

El espacio de nuestro corazón es limitado. No podemos estar llenos de amor y odio al mismo tiempo. Es inevitable que uno domine y expulse al otro. De la misma forma, no podemos quedarnos atascados en el pasado mientras avanzamos. Si estamos ocupados recordando y repasando el daño que nos han hecho, no podemos invitar un gozo nuevo en nuestra vida.

Uno de los efectos más dolorosos de la falta de perdón es la perspectiva limitada de la persona herida. Cuando nuestro dolor sigue ocupando el primer lugar en nuestra vida, no podemos reconocer ni apreciar el dolor que los demás sienten. De la misma forma, tampoco podemos entender ni celebrar los gozos que pueden estar experimentando. En resumen, nuestro mundo se ha vuelto increíblemente pequeño, nuestro punto de vista, peligrosamente estrecho.

Cuando considero el tema del perdón y reflexiono en las ofensas y los ofensores que han habido en mi vida, me doy cuenta de que estoy profundamente comprometido con un deseo de que el mundo sea justo. Específicamente, quiero que se haga justicia a aquellos que me han herido. Sí, soy humano, deseo venganza. Pero también soy consciente de que cada momento que paso pensando en la venganza es un momento que no doy a los que están listos y dispuestos a amarme ahora mismo.

La cuestión de las exigencias y las necesidades surge otra vez. Cuando seguimos anidando resentimiento mucho después del tiempo natural de lamentar las pérdidas comprensibles, nos sentimos reprimidos por nuestras propias exigencias inmaduras. Estamos atascados en exigir que el mundo sea diferente de lo que es, que nuestras parejas sean diferentes de lo que son. Y sin embargo, dejar de lado un asunto no es tan fácil como parece. Ese difícil acto requiere poder sobrenatural. Dios puede ablandar nuestros corazones endurecidos permitiéndonos ver la fragilidad de la condición humana. Puede ofrecernos compasión por nuestras malas acciones y, en el proceso, permitirnos ofrecer compasión a los demás por las suyas (véase 2 Co. 1).

El evangelio de la gracia

¿Quién de entre nosotros no se puede identificar con la mujer que no quiere perdonar a la persona que traicionó su confianza? Imaginamos que tal vez su esposo tuvo una aventura que le rompió el corazón. Quizás su mejor amiga reveló confidencias a otra persona que las propagó por toda la ciudad. Cualquiera que fuera la ofensa, dolió muchísimo. ¿Y por qué debe ella perdonar? Ella merece sentirse justamente indignada.

Pero ahí no termina la historia. Pregúntele al padre del hijo pródigo si se puede identificar con la traición. Considere esta historia del Evangelio de Lucas.

En la narrativa del Evangelio, leemos acerca de un hijo joven que pidió su herencia. Luego "…se fue lejos a una provincia apartada; y allí desperdició sus bienes viviendo perdidamente" (Lc. 15:13). Brennan Manning hace el siguiente comentario sobre la historia en su libro titulado *El evangelio de los andrajosos*:

> Cuando el hijo pródigo regresó a casa después de su larga parranda, durante la cual vagabundeó, desperdició sus bienes y vivió perdidamente entre el licor y las mujeres, sus motivos eran una mezcla de cosas, a lo sumo… No le remordía la conciencia por haber roto el corazón de su padre. Llegó a su casa tambaleándose solo para sobrevivir. Su viaje a un país lejano lo había dejado en la bancarrota. Sus días de vino y rosas lo habían dejado aturdido y desilusionado… desencan-

tado de la vida, el pródigo llegó a su casa zigzagueando, no porque tenía un deseo ardiente de ver a su padre, sino solo para seguir viviendo.[6]

Ahí es donde la trama se pone buena. Después de que el pródigo desperdiciara una buena porción del patrimonio de su padre, bien podríamos imaginarnos que este no se mostraría muy entusiasmado de ver a su hijo. Había sufrido una terrible traición. El padre tenía todo el derecho de enviar a su hijo lejos. Sin embargo, eso no fue lo que sucedió. Leemos lo siguiente en lo que Manning describe como el versículo más conmovedor de la Biblia:

> "…Y cuando aún estaba lejos, lo vio su padre, y fue movido a misericordia, y corrió, y se echó sobre su cuello, y le besó" (v. 20).

Esta historia, una imagen del perdón y el amor que Dios nos ofrece, es difícil de comprender porque va contra la comprensión y la naturaleza humanas. Es contraria a la forma en que nos han enseñado a reaccionar. Podríamos decir que su padre debió haberlo regañado y pedido cuentas del dinero desperdiciado. El hijo debió haber tenido que suplicar perdón antes de llegar al hogar familiar. Su padre debió haberlo reprendido con dureza y haberle dicho lo malo que era. Después, si la disculpa era lo suficientemente buena, tal vez un día en el futuro distante podrían cultivar de nuevo una relación. Pero esa no es la historia del hijo pródigo ni es la historia de cómo nos trata Cristo. Manning dice audazmente que esta historia es un ejemplo de perdón que en realidad sucede antes del arrepentimiento. Eso es difícil de imaginar.

Kathleen Norris, en su libro titulado *Amazing Grace* [Sublime gracia], describe la vida monástica benedictina. Los monjes dicen el Padrenuestro al menos tres veces al día, pidiendo a Dios continuamente que nos perdone como nosotros perdonamos a los demás. Esa es una manera de evitar el fariseísmo y la falta de amor. En un mundo lleno de contención y falta de armonía, es evidente que tenemos que esforzarnos por cultivar un amor piadoso en nuestra pareja y los demás.

Entierre el problema

Echemos otro vistazo al caso de Tomás y Juana y su batalla sobre el hábito de fumar de ella. En el momento de escribir este libro, su matrimonio está bien. Ella todavía no ha dejado de fumar, pero está considerando nuevos métodos que la ayuden a dejarlo. El asunto sigue molestando a Tomás, pero ambos han acordado no participar en una lucha de poder al respecto. Han decidido manejarlo con la mayor madurez posible. Mientras tanto, Juana seguirá siendo considerada con él, y han pactado crear un espacio suficientemente amplio para que su amor mutuo florezca mientras ella lidia con su hábito. Tomás ha acordado dejar de lado el asunto.

Tal vez, igual que Tomás y Juana, usted tenga algún problema en su matrimonio que surge una y otra vez. Quizá su perspectiva al respecto se haya estrechado, y se puede colar un poco de fariseísmo. Si ese asunto no se atiende, se puede convertir en un cáncer en su matrimonio. Sin embargo, usted puede tomar medidas y eliminarlo de su relación.

No solo es este el momento de dejar de hacer viejas críticas y traer a colación viejas quejas, insistiendo en el mismo asunto, sino que también es hora de dejar el tema de lado. Considere la oportunidad que tiene de desistir de que su cónyuge cambie. Considere la oportunidad que tiene de ofrecerle gracia por las conductas de él o ella que lo han decepcionado.

Recuerde la gracia que Dios le ha ofrecido a usted, a pesar de sus limitaciones, y dele un poquito a su cónyuge. Ponga en práctica dejar de lado los temas trillados. Se alegrará de hacerlo.

Capítulo 6

Deje de vivir en las trincheras:
Aprenda a apoyar a su cónyuge

Estando persuadido de esto, que el que comenzó en vosotros la buena
obra, la perfeccionará hasta el día de Jesucristo.
FILIPENSES 1:6

Hace poco regresé de pasar un fin de semana en Nueva Inglaterra con mi hijo Josh, que tiene veintisiete años y estudia medicina en el norte del estado de Nueva York. El viaje me proporcionó una potente experiencia de contrastes y una lección intensiva en el arte de apoyar a un ser querido —el tema de este capítulo.

Después de aterrizar en el Aeropuerto John F. Kennedy, esperé un autobús en medio de la gélida temperatura de la ciudad de Nueva York, contento porque en el último momento metí en la maleta mi abrigo de lana. Después de recorrer la Gran Manzana durante unas cuantas horas, llegué a la estación Grand Central, que es una ciudad dentro de una ciudad, donde los viajeros se movilizan como si fueran hormigas.

Me reuní con mi hijo en el recinto de la facultad *New York Medical College*, y con él en el volante, nos dirigimos a Connecticut. Esperábamos alcanzar un vislumbre de los colores otoñales que todavía perduraban, mirar algunos hoteles y ponernos al día en los asuntos de ambos.

A medida que nos alejábamos de Nueva York, los colores grises añejos de la ciudad dieron paso a brillantes colores dorado, rojo y verde que pintaban las colinas ondulantes. Josh y yo nos reímos, nos contamos historias sobre nuestras vidas y comenzamos a conversar acerca de dónde íbamos a pasar esa noche. Yo, como soy aficionado de los hoteles que ofrecen habitación y desayuno, quería reunir ideas que tal vez pudiera usar en mi propio hotel algún día. Después de recibir sugerencias de sus amigos, acordamos deambular por las callejuelas de Nueva Inglaterra y alojarnos en dos lugares pintorescos para mejorar nuestra experiencia. No podían haber sido más dispares.

Nuestra primera estadía fue en una encantadora villa marina en Connecticut, y yo tenía muchas esperanzas de vivir una experiencia exquisita. Cuando conducíamos en el auto por las calles estrechas y sinuosas hacia Mystic (¿cómo no iba a ser mágico un pueblo con ese nombre?), los mástiles de los veleros brillaban bajo el sol poniente. Me parecía estar en un cuadro pintado por Norman Rockwell.

Nos dirigimos a una casita pequeña al final del muelle. Un cartel al frente de la casita que decía "Habitaciones disponibles" nos dio la señal. *Perfecto*, pensé. Veleros que nos quedaban a un tiro de piedra, el aire salado que le daba sabor a la brisa, callejuelas que nos llevaban de vuelta a la ciudad llenas de tiendas y restaurantes. "Esto va a ser fantástico", dije yo.

Entramos y vimos a un hombre mayor sentado en la recepción. Llevaba puesta una gorra marina manchada, vaqueros desgastados, y se notaba que no se había afeitado desde el día anterior. Apenas nos miró cuando entramos.

—Sí, ¿qué se les ofrece? —dijo bruscamente, aunque todavía no había hecho contacto visual con nosotros.

—Deseamos una habitación —dije yo.

—Cien dólares. No aceptamos cheques ni tarjetas de crédito. Sarita, muéstrales una habitación.

Yo no había notado a su esposa, la cual estaba sentada a unos metros de distancia. Evidentemente fornida, de apariencia hosca y vestida con un suéter grande y pantalones a cuadros, se estremeció con sus palabras.

—No dijeron que querían ver una habitación —dijo ella.

—No importa. Van a querer verla. Enséñasela.

—Nos gustaría ver la habitación —dije yo—. Si la queremos por dos noches, ¿es el mismo precio?

Grave error.

Sarita comenzó a contestar, pero su esposo, quien después dijo que lo llamaran "capitán Carlitos", la interrumpió.

—No quiero hablar de dos noches. Pague por una sola. Ya nos arreglaremos más tarde para la segunda noche si decide quedarse. Siempre la puedo alquilar por el doble del precio si no la quiere, eso seguro.

Mirando a su esposa con el ceño fruncido, dijo bruscamente: "¿Qué? ¿No les vas a enseñar la habitación?".

Sarita le dijo algo entre dientes y luego nos pidió que la siguiéramos por el pasillo hasta la habitación. Era sencilla, oscura y polvorienta. Carlitos continuó refunfuñando en el trasfondo: "No esperen demasiado. Y, Sarita, no te olvides de mostrarles las toallas y la televisión", añadió asperamente. Ella asintió con la cabeza, pero no respondió.

Fue triste ver a Carlitos tratar a su esposa de esa manera. Era evidente que no le interesaba darle ni un poquito de apoyo.

Después de pagarle a Carlitos una noche, mi hijo y yo nos fuimos caminando hasta la ciudad. Nos sentíamos bastante molestos por aquel encuentro.

"Lo único que faltó fue el 'Arghh' de un pirata —dijo Josh con sarcasmo—. Creí que el capitán Carlitos iba a obligar a Sarita a caminar por la tabla".

Después de despertarnos con los ruidos de otros huéspedes y de escuchar quejas porque el café estaba tibio y los panecillos no eran frescos de ese día, decidimos ver la ciudad y seguir viajando.

A pesar de nuestro gran desencanto con el alojamiento y el anfitrión, Mystic no nos decepcionó. Tenía dos pintorescos cafés, un requisito básico para que a una villa se la considere "encantadora". Nos quedamos cautivados con los barcos veleros del muelle, los cuales contemplamos un rato antes de irnos para Rhode Island.

Después de pararnos en una caseta de información turística en Port Judith, Rhode Island, desde donde veíamos el océano Atlántico, acordamos cuál sería nuestro segundo destino a la mañana siguiente. El sol brillaba, no había ni una nube en el cielo, y el aire salado era fresco y vigorizante. Lo interpreté como una señal de que nuestra suerte iba a cambiar.

Cuando entramos en la Oficina de Visitantes de Rhode Island, una señora mayor nos saludó. Llevaba puesto un vestido arrugado y un suéter que le hacía juego. La señora me recordaba a la bibliotecaria de mi escuela secundaria. Miró por encima de los anteojos y, con una voz delicada, preguntó si nos podía ayudar. Le dijimos que deseábamos encontrar un "hotel pintoresco".

Miramos cómo buscaba en su directorio, llamando a un hotel tras otro, hasta que finalmente levantó la mirada sonriendo: "Hay una habitación disponible en La Cappella, a cinco kilómetros de aquí. Juan les dará un buen precio. No quiere preparar desayuno porque es el fin de la temporada. Pero con gusto los aloja si eso les conviene".

Nos sentíamos un poco recelosos, pero después de nuestra experiencia con el capitán Carlitos, estábamos dispuestos a cualquier cosa que fuera razonable.

Cuando llegamos a La Cappella, notamos una camioneta vieja en la entrada que tenía una placa que decía "Surfin". Un hombre de unos cincuenta años de edad nos saludó en la puerta. A pesar de que hacía frío, Juan iba vestido con pantalones cortos y una camiseta. Su rostro sonriente estaba enmarcado en un cabello largo, ondulante y rubio.

"Saludos —dijo—. Ustedes deben ser los tipos de los que oí hablar que vienen del otro lado del país. Verán que tenemos las camas más blandas del estado, y mi esposa y yo nos aseguraremos de que todo esté bien durante su estadía. Ella es el cerebro del negocio. A mí solo me gusta hacer surfing y entretener a los turistas. Les va a gustar este lugar. Se lo prometo".

Ya nos gustaba.

Cuando Josh y yo entramos en la antigua iglesia, que ahora estaba decorada como hotel, María, la esposa de Juan, nos saludó calurosamente. Sobre la mesita del rincón había flores frescas. Las paredes estaban adornadas con acuarelas de colores brillantes.

—Esa es la mujer que mantiene este lugar funcionando —dijo Juan—. Si algo sale bien, es gracias a ella, y todo lo que sale mal sin duda alguna es culpa mía.

—Él no es tan malo —dijo ella sonriéndole—. Juan los va a ayudar a que se diviertan mucho aquí en Rhode Island. Conoce todos los rincones de este lugar. Si le dicen lo que desean ver, él los lleva.

—Gracias —dijimos al unísono.

—María les enseñará su habitación, y cuando estén instalados, les hablaré de algunos lugares donde tal vez quieran ir a cenar.

Era evidente que Juan había aprendido a evitar nuestro próximo error grave: no apoyar a su cónyuge. Él había descubierto el poder y la importancia de apoyar a María, y ella había descubierto cómo apoyarlo a él. ¡Qué diferencia entre estos anfitriones y Carlitos y su esposa Sarita, que seguían en las trincheras, peleando constantemente el uno con el otro!

Demasiadas parejas se tratan como Carlitos y Sarita:

- Se hablan bruscamente.
- No se valoran el uno al otro.
- Exigen en vez de pedir.
- Se denigran en vez de halagarse.
- No se entusiasman con las ideas del otro.
- Se olvidan de apoyarse el uno al otro.

La mayoría de nosotros se puede identificar con Carlitos y su esposa, atascados en las trincheras duras y críticas de la batalla conyugal. Sabemos lo que es que no nos valoren y reconocemos que a veces no hemos apoyado a nuestro cónyuge.

Yo mismo me he visto muchísimas veces en las trincheras. Ya he mencionado antes que hace varios años, mis secretarias me tomaron aparte y me dijeron que estaba tan absorto en mi agenda que me olvidaba de darles las gracias por su arduo trabajo. Aunque no me gustó escuchar aquello, sabía que era verdad. No las descuidaba porque tuviera un temperamento desagradable, como hacía Carlitos con Sarita, sino por causa de mi perspectiva miope. Desafortunadamente, el resultado fue el mismo: un efecto desmoralizante en el personal de mi consultorio. Ahora tengo el hábito de notar las cosas positivas que hacen por mí y por el consultorio todos los días.

Por fortuna, tengo varias relaciones en las que me siento apoyado. Una es mi amiga Christie. Permítame contarles una conversación que sostuvimos hace poco.

He sido aficionado al café durante un tiempo y espero ser dueño de un café algún día. En un viaje de negocios que hice hace poco, noté que había una biblioteca pública que tenía un café dentro. *Aquella es una idea genial*, pensé. Los libros y el café siempre han sido buenos compañeros. Tenía muchas ganas de compartir esa idea con Christie, pues sabía que ella escucharía atentamente y me ofrecería consejos útiles, mientras apoyaba la creatividad que hay en mí.

—No vas a creer lo que vi hoy en South Bend —le dije emocionado.

—¿Un cartel que decía "Abierto"? —dijo ella.

—Un cartel que decía "Café de la biblioteca" —dije con orgullo, como si la idea hubiera sido mía—. ¿No te parece un concepto fantástico?

—Creo que es una gran idea —dijo ella con entusiasmo—. Ya me imagino las ideas en tu cabeza. Apuesto a que los vas a llamar y averiguar cómo lo hicieron para ver cómo lo haces tú. ¿Cierto?

—Exactamente.

A pesar de que no sé hasta dónde quiero llegar con la idea, me siento seguro por soñar y que alguien me apoye en mis ideas.

Seguridad

¿Qué me dio Christie que me hizo sentir tan bien y por qué es tan importante en una relación?

Antes que nada, cuando apoyamos a las personas, les ofrecemos la seguridad de ser todo lo que puedan ser. Creamos un ambiente en el cual se sienten libres de pensar y de ser ellos mismos.

Al exhortarme, Christie me estaba diciendo que está bien soñar. Le puedo expresar mis ideas en voz alta, por extrañas que sean algunas de ellas. Sin un ambiente seguro, nunca daremos a nuestro genio creativo el espacio para crecer. Las ideas nunca pueden florecer si hay censura en la habitación.

Piense en su relación con sus hijos. Observe a los padres que acaban de tener un hijo, cómo miran intensamente al recién nacido. ¿Qué ve usted? Hace poco observé a una pareja joven con su bebé en un aeropuerto muy transitado. Mientras su bebé permanecía tranquila en el cochecito, babeando y mirando a sus padres, ellos le sonreían y hacían ruidos que demostraban su cariño. Otras personas que también observaban a la pareja se deleitaban en ellos. Los adultos se encontraban temporalmente anonadados por la bebé, riéndose de deleite.

Aquella pareja le estaba comunicando a su bebé los siguientes mensajes:

- Eres perfecta.
- Eres maravillosa y encantadora.
- Eres nuestro gozo.
- Puedes ser todo lo que quieras ser.
- Hagas lo que hagas, lo harás de una manera fantástica.
- Eres hermosa.

No solo creían aquellos padres que su hija era perfecta, sino que se dedicarán a garantizar que esté protegida y segura para que llegue a ser aquello para lo cual Dios la creó.

¿Se imagina si pudiéramos transferir ese mismo deleite a nuestro matrimonio? ¿Qué pasaría si retuviéramos parte del primer deleite que sentíamos hacia nuestro cónyuge? ¿Y si le demostráramos alegría cuando nuestro cónyuge llegara por la noche?

Esa conducta es sumamente rara, y algunas personas creen que es frívola e infantil. Aunque es posible que sea un tanto infantil, no es en absoluto frívola. De hecho, es *obligatoria* para mantener el vigor en el matrimonio.

Seguridad perdida

Claro, la promesa de los padres primerizos de amar y proteger a su bebé puede menguar a medida que la bebé encantadora se convierte en una niña irritable a los dos años de edad, luego en una niña extraña a los siete años, y luego en una preadolescente difícil que llega a fijar su propio rumbo como adolescente rebelde. ¡Cómo cambian las cosas!

A medida que la niña crece y llegan los demás hermanos, los padres podrían sin querer descuidar la protección formadora. Los trabajos y las obligaciones familiares distraen a los padres, y estos dejan de apoyar a sus hijos. Los niños crecen y se convierten en adultos que han olvidado (o tal vez nunca aprendieron) cómo apoyar a sus parejas.

De la misma forma, la maravilla y el encanto de las primeras etapas del noviazgo dan paso a la monotonía diaria de la vida de casados. Ya sabe lo que se siente. En vez de deleitarse en su cónyuge cuando él entra por la puerta, está pensando en la ropa que tiene que lavar, los niños que tienen que llevar al entrenamiento de fútbol, las cuentas que hay que pagar y la cena que todavía no ha empezado a preparar. Su mente está llena de cosas, excepto apoyar a su cónyuge. Es difícil compartir lo que tiene en el corazón mientras se encuentra en las trincheras de la vida diaria.

Tal vez se sorprenda al saber que crear seguridad y apoyar a un cónyuge muchas veces ni siquiera se considera en muchos matrimonios. Las parejas se concentran tanto en sus propios problemas que se olvidan de crear una malla de seguridad que es totalmente esencial si su relación ha de prosperar. Un matrimonio puede *existir* sin muchos ingredientes, pero necesita seguridad para prosperar.

Apoye a su cónyuge

Recuerdo bien la llamada telefónica de Débora. Llamó para requerir una cita para ella y su esposo Pedro. Durante nuestra breve conversación, dijo que necesitaba algo que pusiera de nuevo una chispa en su matrimonio. No estaba segura de si su esposo aceptaría ir a consejería, pero quería saber si yo estaba dispuesto a ayudarla en el caso de que él aceptara.

Varios días después, vinieron. Pedro era un hombre alto y fornido, tenía el cabello largo y suelto. Me dio la impresión de que hablaría en voz alta y de manera agresiva, por lo que me sorprendí por su voz suave y su actitud pasiva.

Débora era una mujer grande con el pelo rubio. Llevaba puestos pantalones vaqueros, zapatillas de tenis y un suéter. Parecía tensa e indecisa.

Después del intercambio acostumbrado de cortesías, fui al grano.

—Débora, cuando hablamos por teléfono el otro día, me dijiste que tú y Pedro necesitan algo que ponga de nuevo una chispa en su matrimonio. ¿Por qué no empiezas contándome un poco acerca de su relación?

—Pues, no creo que haya algo malo en nuestra relación, al menos nada grave. Pero no hablamos mucho. Creo que somos la clásica pareja que ha llegado a sentirse tan cómoda con la otra persona que la verdad es que ya no nos conocemos bien. He notado que últimamente nos criticamos mucho más de lo que nos comunicamos. No puedo hablar por Pedro, pero creo que puede ser que los dos nos estemos desanimando por la manera en que van las cosas.

—¿Qué piensas de eso, Pedro? —dije yo—. ¿Cómo te sientes respecto a la manera en que están las cosas en este momento en tu matrimonio?

Pedro se acarició la barba.

—Bueno —dijo lentamente—, no puede ser tan malo. Hemos estado casados durante catorce años y tenemos dos hijos maravillosos. Trabajo mucho y disfruto la oportunidad de jugar golf. Débora trabaja y le gusta bordar con sus amigas.

—Entonces, por lo que a ti respecta, ¿están bien las cosas?

—A mi manera de ver las cosas, sí. Pero Débora dice que no está contenta, y me cuesta entender de qué se queja. Definitivamente, no soy como los hombres con los cuales trabajo que pasan todas las noches en el bar.

—No sé cómo pueden estar bien las cosas —dijo Débora con bastante irritación en la voz—. Hace meses que te estoy diciendo que deseo más de nuestra relación. Estoy cansada de que me des consejos sobre cómo ocuparme de la casa y disciplinar a los niños. Y he pedido pasar más tiempo contigo, pero siempre surge algo.

Pedro observó con incredulidad a Débora. Era evidente que estaba molesto. Le tomó varios minutos poder contestar.

—Hablamos de eso la otra noche y acordamos pasar más tiempo juntos. Pensé que todo estaba arreglado.

—Fue un buen comienzo, Pedro, y te agradezco tu disposición a arreglar las cosas. Pero creo que vamos a necesitar más que tiempo. Necesitamos nuevas ideas sobre cómo mejorar nuestro matrimonio.

—No sé por qué estás tan molesta —dijo él—. Creo que la mayoría de las mujeres estaría contenta con un hombre que trabaja mucho, no se mete en problemas y es un buen padre para sus hijos. Tengo la sensación de que no aprecias lo que tienes.

Débora hizo una mueca de dolor y se dio la vuelta.

—¿Qué estás pensando ahora mismo, Débora? —pregunté yo.

—Pues, ya lo escuchó. Él no cree que haya nada malo. Si ese es el caso, no veo que sea posible cambiar las cosas.

—Trata de ser más específica sobre lo que quieres —dije yo.

—No nos decimos palabras amables el uno al otro. Ni siquiera me acuerdo de la última vez que Pedro me hizo un cumplido. Nunca nos vestimos formalmente para salir a cenar, solo nosotros dos. No sonreímos mucho y muy pocas veces nos reímos juntos. Si tan solo insinúo a Pedro que podríamos estar mejor, él se enoja. He llegado a un punto en que no tengo muchas esperanzas de que las cosas vayan a cambiar.

A pesar de que Pedro se mostraba renuente a ir a consejería y veía poca necesidad de cambiar algo en su relación, aceptó participar en más sesiones. Trabajé con Pedro y Débora durante varios meses, ayudándolos a ver que el problema no era lo que *estaban* haciendo, sino lo que *no estaban* haciendo.

Tenían que reducir las críticas y aumentar las palabras de aliento. Tenían que aprender el fino arte de apoyar a su cónyuge.

Les expliqué que un matrimonio es como un auto viejo que necesita mucho amor y atención. Les pedí que se imaginaran un auto maravilloso con mucha personalidad y con muchos kilómetros.

"Ese auto —dije yo— ha recorrido muchas calles. En el proceso, ha recibido algunos golpes y necesita restauración. El motor necesita ser afinado, y la carrocería tiene unas cuantas abolladuras que hay que arreglar. Lo bueno es que si uno invierte cierta cantidad de tiempo en el mantenimiento de ese auto, recuperará su belleza y le dará muchos kilómetros más de buen servicio. Pero si se niegan a dedicarle el tiempo y la atención que necesita, terminará con un desperfecto grave".

Les dije que iban a necesitar poner en práctica el apoyarse mutuamente. No podían abordar el asunto con frivolidad. Tenían que verlo como un mantenimiento obligatorio. Tal vez se podían saludar calurosamente el uno al otro después del trabajo, sonreír mientras

conversaban y sorprenderse uno al otro con regalitos y demostraciones de cariño. Iban a tener que crear su propio lenguaje especial de
cariño mientras aprendían lo que hacía sentir bien al otro. Su punto
de partida sería alentarse el uno al otro.

Mientras trabajé con Pedro y Débora durante las siguientes semanas, progresaron lentamente, pero con firmeza. Al principio, Pedro
no estaba nada entusiasmado con la idea de practicar el nuevo lenguaje de cariño, pero tenía a su favor que estaba dispuesto a intentarlo.
En una sesión posterior, hasta me dijo cuánto le gustaba "la nueva
Débora", porque era amable y lo alentaba. Al mismo tiempo, Débora
estaba emocionada con los cambios que Pedro estaba haciendo para
poner nueva energía a su relación.

El poder del desaliento

Los matrimonios que están llenos de crítica y desaliento tienen
una nube negra encima de ellos. Es como un techo, palpable e inquietante, por encima del cual el espíritu no se puede elevar.

Ben Zander, director de la Orquesta Filarmónica de Boston y
profesor de música en el Conservatorio de Música de Nueva Inglaterra, además de ser el coautor de *The Art of Possibility* [El arte de la
posibilidad], describe un problema entre sus estudiantes. Habla de
sentirse desalentado cuando sus estudiantes parecen ansiosos por
su actuación y no muestran espontaneidad, creatividad y soltura en
su música.

Zander comparte su dilema: "Clase tras clase, los estudiantes
están en tal estado crónico de ansiedad por el progreso de su actuación, que se muestran renuentes a correr riesgos con su música".

No pude evitar pensar en la similitud de ese problema con la
vida conyugal en las trincheras, o lo que es lo mismo, no crear un
ambiente seguro en el cual los cónyuges se apoyen mutuamente.
¿Cuántas personas se encuentran atadas por causa de la ansiedad,
temerosas de que van a ahogar los sueños y las ideas del otro? En una
relación en la que el desencanto florece, la creatividad muere. En ese
árido lugar, el amor no puede florecer.

Zander notó el profundo impacto que tenían en sus estudiantes el
desaliento y la crítica de los maestros. Los años de formación habían

hecho su estrago. Los estudiantes se habían aburrido de sus propios increíbles talentos y posibilidades. Él percibía el genio latente, reprimido por un mundo que medía el logro mediante una comparación falsa y arbitraria.

Así que comenzó a pensar de una manera distinta. Se imaginó un mundo libre de desaliento y consideró el impacto que eso podría tener en el estudiante. Concibió una treta, aunque estaba bastante seguro de que el conservatorio no la aprobaría. Pero tenía que intentarlo.

Zander tuvo una idea ingeniosa. La llamó "poner un 100". Al principio del curso, dijo a sus estudiantes que todos recibirían un 100 en el trimestre si satisfacían un requisito. Tenían que escribir una carta, con fecha futura de tres meses, en la que decían: "Estimado señor Zander, saqué un 100 porque...".

No podían usar palabras como "haré", "espero" ni "es mi intención". Su carta tenía que colocarlos en el futuro y, al mirar atrás, informar todo el discernimiento adquirido y los hitos alcanzados durante el trimestre. Más importante que sus logros académicos, dijo Zander a sus estudiantes, era el progreso que alcanzarían como personas.

"Estoy interesado en la actitud, los sentimientos y el punto de vista de la persona que habrá hecho todo lo que deseaba hacer o que habrá llegado a ser todo lo que quería ser. Quiero que se enamoren apasionadamente de la persona que están describiendo en la carta".[1]

¿Pensamiento vanguardista? Claro que sí. Y, lo que es más importante, *seguro, sin desaliento, lleno de ánimo*. Los resultados de su experimento fueron abrumadoramente positivos. Los estudiantes se emocionaron de nuevo con su aprendizaje, no por la calificación sino por el puro gozo de aprender. Y por el gozo de aprender acerca de ellos. Aprendieron a apoyar su propia manera de pensar. Aprendieron a apreciarse a sí mismos.

¿Por qué fue el experimento de Zander un éxito tan rotundo? Creo que dice mucho acerca de la naturaleza humana. Él eliminó la amenaza de ser juzgado y la parálisis que por lo general la acompaña. Añadió el elemento de descubrimiento a medida que los estudiantes encontraron maneras únicas de afirmar su propio aprendizaje. Pudieron deshacerse de su molesta preocupación acerca de las calificaciones y centrarse en lo que era verdaderamente importante.

¿Qué podría pasar si pudiéramos trabajar de una forma similar para borrar el desaliento de las relaciones conyugales? ¿Qué sucedería si siguiéramos el consejo de Zander de practicar "poner un 100" a todo el que conozcamos, incluidos nosotros mismos? Les aseguro que los resultados serían impresionantes. Nunca nos cansamos de sacar 100.

El poder del aliento

Si el desaliento insensibiliza, por obstruir las arterias de la comunicación conyugal, considere la fuerza vitalizadora del aliento, o lo que Zander llama "poner un 100" y que yo he llamado "apoyar a su cónyuge".

Zander comparte lo que "poner un 100" podría parecer en el mundo real.

> Es una manera animada de abordar a las personas, que promete transformarlos a usted y ellos. Es un cambio de actitud que hace posible que usted hable libremente (con seguridad) acerca de sus propios pensamientos y sentimientos mientras, al mismo tiempo, apoya a los demás para que sean todo lo que soñaron ser. La práctica de *poner un 100* transporta sus relaciones desde el mundo de la medida al universo de la posibilidad.[2]

En la misma tesitura, cuando alguien preguntó a Miguel Ángel cómo pudo esculpir algo tan conmovedor como la estatua de David, contestó que eliminó todo el material excesivo —todo lo que no era David— para revelar la obra de arte que había dentro. Así apareció la estatua.

Este concepto habla del mensaje esencial de este capítulo: la importancia de invocar todas las posibilidades que hay latentes, temerosas y silenciosas dentro de nuestros cónyuges. Todos nosotros llevamos un poquito de Miguel Ángel, invocamos la obra del Creador y todo lo que hay entre nosotros y la vida a la altura de nuestra majestad, deshaciéndonos de ese "material excesivo". Vamos por la vida cargados de temor y con un historial de desaliento. La crítica se ha incrustado en nuestra débil semejanza a Cristo. Anhelamos escuchar las palabras otra vez, que se perdieron hace mucho tiempo en la infancia: "Eres muy especial para mí".

¿Quién no ha sido herido por el rechazo, la crítica y la negatividad? ¿Quién, ante tal rechazo, no se ha retirado a su escondite con la promesa de "nunca intentarlo otra vez"? No obstante, con apoyo, estamos dispuestos a enfrentar el mundo. Con el aliento de otras personas y la esperanza que nos susurra el Espíritu, andamos con confianza al tiempo que entendemos que todo lo podemos en Cristo (Fil. 4:13). Somos catapultados una vez más a nuestras capacidades mediante el poder y la persona de Cristo, que vive dentro de nosotros.

Escuche las palabras del salmista, el cual nos da un vislumbre de cómo nos ve Dios. "Te alabaré; porque formidables, maravillosas son tus obras; estoy maravillado, y mi alma lo sabe muy bien. No fue encubierto de ti mi cuerpo, bien que en oculto fui formado, y entretejido en lo más profundo de la tierra. Mi embrión vieron tus ojos, y en tu libro estaban escritas todas aquellas cosas que fueron luego formadas, sin faltar una de ellas" (Sal. 139:14-16).

Cuestión de perspectiva

No siempre es fácil ver la belleza y la majestad en otra persona. En lugar de tener "el ojo del Creador", nos preguntamos en qué estaba pensando Dios cuando creó a nuestro cónyuge con todas sus faltas. ¿Cómo es posible —nos preguntamos con impertinencia—que nuestro cónyuge piense de esa manera? ¿Cómo puede actuar así? ¿Cómo, Señor, puede ella ser así? Ver lo que los demás hacen mal es mucho más fácil que ver lo que hacen bien. Reconocer lo que nosotros hacemos mal es incluso más difícil.

He compartido mi propia experiencia en este sentido cuando estaba criando a mis dos hijos. Debido a mi propio perfeccionismo, cuando llegaba a casa por la noche, de inmediato notaba todas las cosas que habían dejado esparcidas por la casa. Si usted tiene hijos, seguro que entiende. Eran… pues, eran niños. Generalmente dejaban fuera guantes de béisbol, abrigos, zapatos, medias sucias y toda clase de cosas. Yo respondía administrando la casa como un sargento de reclutas. Y así, muchas veces, cuando llegaba a casa después de un día de trabajo, mis hijos se ocultaban, pues temían el espíritu crítico e irascible de su padre. Sin darme cuenta y sin querer hacerlo, había caído en el error grave que estamos tratando en este capítulo: vivir en las trincheras de la crítica y el desaliento en vez de apoyar sus jóvenes espíritus.

En algún momento de este triste drama, comencé a darme cuenta de mis errores. Pero el cambio nunca es fácil. Comenté mi desagradable patrón de conducta con un psicólogo amigo quien me recomendó que pusiera en práctica la "interrupción del patrón". Recomendó que en vez de seguir mi ritualizada conducta de notar algo malo siempre que entraba por la puerta, me obligara a decir algo agradable. Antes de poder lanzar la diatriba que tenía en la punta de la lengua, tenía que participar con mis hijos en una conversación amigable, preguntarles cómo les había ido ese día o decir algo positivo sobre ellos. Hubo veces en que casi me saqué sangre de la lengua. ¡Cuánto quería aconsejarlos sobre cómo mejorar sus vidas! ¡Cuánto deseaba ofrecerles consejo sobre cómo podían ser mejores hijos! Pero mi amigo me dijo que eso no me estaba permitido y no era productivo. Por fortuna, le hice caso.

De ese cambio, se produjo un resultado interesante. Mi familia en realidad comenzó a disfrutar verme llegar. Todos dejaron de ocultarse en su escondite secreto. Mis hijos disfrutaban mi compañía. Empezaron a contarme cosas emocionantes que estaban sucediendo en sus vidas. Compartían sus luchas, sabiendo que yo los iba a escuchar de verdad en vez de ofrecer soluciones rápidas desde una posición de superioridad.

Cualquiera puede darse cuenta de qué mundo era mejor para mis hijos y para mí. Poco a poco, comprendí una importante verdad: todo es cuestión de perspectiva. Podía obligar a mis hijos a que se comportaran bien y perder su amistad. Podía desperdiciar mis energías obligándolos a caminar derecho o podía intentar ganarme sus corazones. Los mismos principios se aplican al matrimonio y a otras relaciones.

Un cambio de mentalidad

En su libro titulado *Cuando pasan cosas malas en matrimonios buenos*, los escritores Les y Leslie Parrott abordan la causa central de las malas actitudes: cultivar una mentalidad negativa hacia su cónyuge. Seamos francos. Cuando uno se ha asentado en una actitud negativa, no es probable que apoye a su pareja.

Les Parrott cuenta una experiencia cuando fue a escuchar al gran antropólogo Ashley Montagu. Su tema para ese día era "la psicoesclerosis": *endurecimiento de las actitudes*. Este autor explica que una de las reflexiones que sacó de la charla de Montagu fue la importancia de inocularnos contra las actitudes negativas crónicas. Parrott recomienda las siguientes maneras de evitar ese peligroso escollo en el matrimonio.

En primer lugar, *busque lo positivo*. Eso implica buscar cosas buenas de su pareja y soluciones positivas a los apuros. En vez de cambiar a lo fácil y destructivo —hablar y pensar negativamente—, busque soluciones positivas y diga cosas que eleven el espíritu. Trate de pasar un día entero, y luego una semana, sin decir nada crítico.

Segundo, *niéguese a ser víctima*. Los Parrott dicen que la autocompasión es un lujo que ningún matrimonio se puede dar. En vez de sacudir la cabeza y soportar el hecho de que su cónyuge ronca demasiado fuerte, suele llegar tarde o mastica la comida con la boca abierta, adopte el hábito de mirar más allá de las pequeñeces.

¿Significa eso que lo aceptará todo? Por supuesto que no. Simplemente significa que usted pone en práctica concentrarse en las cosas mayores y tener la perspectiva correcta. Usted decide cuáles problemas son verdaderamente grandes como para considerarlos problemas. Significa que elegirá sus batallas con cuidado y en actitud de oración. Luego, en las cosas que usted decide que no son tan importantes, le añade una porción de energía positiva a la situación.

Tercero, *desista de los rencores*. Tal como aprendimos en el capítulo anterior, abandonar los viejos rencores y poner en práctica el perdón es un componente esencial en todo matrimonio sano. Los Parrott agregan: "Nada impide las buenas actitudes tanto como un gran rencor. La amargura y el resentimiento son los venenos del pensamiento positivo".[3]

Cuarto, *concédase a usted y concédale a su matrimonio cierta medida de gracia*. Muchos hábitos malos son como surcos en el camino. Están tan arraigados en el paisaje que apenas los notamos.

Sin embargo, tenemos que poner en práctica eliminar esos surcos y conceder una medida de gracia a nuestra pareja.

Apoyar a su cónyuge es difícil, por no decir imposible, si su actitud es negativa. Le será difícil encontrar cosas buenas que decir si se concentra solo en las cosas negativas de la vida; y se pueden encontrar muchas. Anais Nin lo dijo de una manera potente: "No vemos las cosas como son, sino como somos nosotros".

Cuando nos ponemos las anteojeras de la negatividad, como hice yo con mis hijos durante tantos años, todo lo que vemos es oscuridad. Nunca podemos apreciar plenamente el sol evanescente.

La bendición

Virginia era una maestra de sesenta y dos años de edad que tenía el pelo corto y canoso. Era delgada e iba elegantemente vestida con una falda a la moda y un suéter que le hacía juego. Llegó a tiempo a su primera cita y anotó en el formulario de admisión por qué iba a consultarme: "Porque siempre estoy cansada".

Virginia negaba que estuviera deprimida y no tenía ninguno de los síntomas acostumbrados de la depresión, a excepción de la falta de energía. Dijo que su sueño era irregular, que se despertaba varias veces cada noche "con los sueños más horribles que se pueda imaginar".

Durante sus primeras sesiones, Virginia me dio detalles de su vida. Estaba felizmente casada. Aquel era su tercer matrimonio. Su esposo Oscar era un piloto jubilado, y a ambos les gustaba viajar juntos. Virginia se iluminó cuando habló de su relación. "Somos muy felices, pero todavía me preocupo pensando que puedo echar a perder las cosas, debido a que mis dos matrimonios anteriores salieron mal".

Sus dos primeros maridos habían sido hombres dominantes: "Llegué a sentir resentimiento por ellos, pero soy cristiana. Prometí que permanecería 'hasta que la muerte nos separara' e hice todo lo que pude para que las cosas salieran bien".

Virginia miró hacia abajo y su voz se suavizó.

—Me siento muy mal por no haber podido amarlos de verdad. Pero me moría por dentro.

—¿Usted solicitó los divorcios? —pregunté yo.

—Sí —contestó ella suavemente—. Me siento culpable por ello, pero en ambos casos, fue la decisión correcta para mí. No podía ni respirar en esos matrimonios. Mis dos maridos eran hombres enojados. Bebían mucho alcohol y siempre estaban decaídos. Por lo general, disfruto la vida, pero no podía cuando estaba con ellos.

—¿Le pareció que tenía que dejarlos para recuperar su felicidad?

—Sí. Y lo he podido hacer.

—¿Qué le gusta? —pregunté yo.

—Mi jardín —respondió con entusiasmo—. Soy experta jardinera y he ganado muchos premios por mis rosas en el transcurso de los años. Tengo como unas cuarenta variedades y me ocupan mucho tiempo. Le puedo traer algunas si desea.

—Eso sería fantástico —dije yo—. Cuénteme más sobre lo que tiene que hacer para mantener las rosas sanas y fuertes.

—Pues, se necesita mucho trabajo, pero yo lo hago encantada. No es una faena. Para nada. Hay que poner mantillo a la tierra y fertilizarla debidamente. Asegurarse de que tengan agua suficiente, pero no en exceso. Hay que fijarse si hay insectos y enfermedades. Y dejarle el resto a Dios.

No pude evitar reflexionar en el evidente paralelo con la vida humana. En las condiciones adecuadas, florecemos. En las condiciones erradas, nuestro crecimiento se atrofia, o peor aún, luchamos para mantenernos hasta que morimos, tanto emocional como espiritualmente.

—¿Se puede decir, Virginia, que en sus dos primeros matrimonios su jardín personal no recibió suficiente luz, nutrientes y la seguridad necesaria para florecer? Con maridos ásperos y críticos, tal vez usted no podía ser todo lo que pudo haber sido si ellos le hubieran dado aliento y seguridad.

Virginia me miró por un momento con los ojos llenos de tristeza.

—Nunca lo vi así, pero tiene razón. Mis pesadillas siempre son tristes. Despierto llorando y nunca estoy segura de por qué estoy llorando. Pero lo cierto es que he tenido mucho por qué llorar en mi vida. No todo comenzó con mis maridos. Mi padre también era áspero y controlador conmigo. Era un hombre enojado y controlaba a mi madre. Durante años lo escuché gritarle. No he tenido una vida muy segura.

—¿Alguna vez ha oído hablar del libro *La bendición*, escrito por Smalley y Trent?

—No, creo que no.

—Ese libro me recuerda su jardín de rosas. Así como usted proporciona los ingredientes necesarios para que sus rosas florezcan, Smalley y Trent nos recuerdan que necesitamos ciertos elementos para florecer en nuestras relaciones. Esos ingredientes no pueden haber estado presentes en su vida temprana en el hogar y, a juzgar por lo que me ha dicho, no estaban presentes en ninguno de sus matrimonios. Sin esos ingredientes, no podemos prosperar. De hecho, apenas podemos sobrevivir.

Seguí compartiendo con Virginia importantes reflexiones del libro, en el cual Smalley y Trent reintroducen el concepto de "la bendición". El Antiguo Testamento incluye muchas bendiciones. De hecho, Smalley y Trent dicen: "Algunos aspectos de esta bendición del Antiguo Testamento eran únicos en aquella época. Sin embargo, los elementos de la relación de esta bendición todavía se aplican hoy". En gran medida, las bendiciones se relacionan directamente con el concepto esencial de *apoyar a nuestras parejas*.

Smalley y Trent afirman: "La presencia o ausencia de esos elementos nos puede ayudar a determinar si nuestro hogar es, o si el hogar de nuestros padres era, un lugar de bendición… Un estudio de la bendición siempre comienza en el contexto de la aceptación de los padres. Sin embargo, al estudiar la bendición en las Escrituras, encontramos que sus principios se pueden usar en todas las relaciones íntimas".[4]

Echemos un rápido vistazo a los cinco elementos de una bendición y por qué son importantes para apoyar a nuestro cónyuge.

El primer aspecto de una bendición es *un toque significativo*. Antes de que Isaac bendijera a su hijo Jacob, le dijo: "…Acércate ahora, y bésame, hijo mío" (Gn. 27:26). Con muchas bendiciones bíblicas, el toque significativo proporcionó el antecedente de amor a las palabras pronunciadas. Esta clase de toque, como ha revelado el estudio de la psicología una y otra vez, comunica calor y aceptación. Los investigadores lo han asociado incluso con la salud física.

El segundo aspecto de la bendición es *un mensaje hablado de amor y aceptación*. Después de la luna de miel, muchas personas casadas dan por sentadas las palabras de amor y aceptación. Sin embargo, nunca nos cansamos de escuchar que somos apreciados y aceptados por quienes somos.

El toque significativo y un mensaje hablado llevan al tercer elemento: *palabras de mucho valor*. En hebreo, la palabra *bendecir* significa literalmente "doblar la rodilla". Cuando llevamos esa bendición a nuestro matrimonio, mostramos verbalmente que nuestra pareja es valiosa y tiene cualidades redentoras. Hay quienes podrían decir que no es necesario expresar esos sentimientos. "Ella sabe que yo la amo —me dijo un hombre hace poco—. ¿Por qué se lo tengo que decir todo el tiempo?". La respuesta es que necesitamos constantes demostraciones de bendición verbales y no verbales. Lo que hace que el jardín florezca es la luz del sol, la eliminación de la mala hierba, el mantillo y el agua. Sin constante atención, tal como Virginia descubrió en su jardín, todo decaería.

Un cuarto elemento de la bendición es *la manera en que representa un futuro especial para la persona que la recibe*. Isaac le dijo a su hijo: "Dios, pues, te dé del rocío del cielo, y de las grosuras de la tierra... Sírvante pueblos, y naciones se inclinen a ti..." (Gn. 27:28-29). Tenemos una oportunidad única en el matrimonio de representar un futuro especial para nuestro cónyuge.

Finalmente, el último elemento en la bendición representa *la responsabilidad que conlleva dar la bendición*. Aquí ofrecemos a nuestra pareja el compromiso de hacer todo lo posible para ayudar a que la bendición dé fruto. Así como Virginia proporcionó los ingredientes de manera meticulosa para sus queridas rosas, ahora nos dedicamos a proporcionar los cinco ingredientes para nuestro amado. Suministramos un toque significativo y un mensaje hablado, le damos un alto valor al ser bendecido y representamos un futuro especial para él o ella, y confirmamos la bendición mediante un compromiso activo. En ese ambiente, el matrimonio prospera. Sin él, el matrimonio se marchita y muere.

Consideremos ahora que estos cinco elementos de una bendición pueden haber existido en su primera familia o están presentes en su matrimonio hoy. Me alegro de haber leído el libro de Smalley y Trent cuando mis hijos todavía eran bastante pequeños. Hice un esfuerzo deliberado en pronunciar esas bendiciones en sus vidas.

Recuerdo específicamente llamar aparte a mi hijo Josh cuando él tenía diez u once años de edad. Le dije que percibía su corazón sensible y su deseo de ministrar a otras personas. Era amable y considerado con sus abuelos y siempre buscaba formas de hacerlos sentir amados. No me sorprende que hoy sea un joven amable, listo para ministrar física y espiritualmente a los que están angustiados.

Mientras conversábamos, Virginia se tapó el rostro con las manos y lloró por la niña que había dentro de ella que nunca había recibido una bendición y por la persona adulta que nunca había recibido plenamente estos aspectos de la bendición. En las semanas que siguieron, hablamos de esos asuntos, apartamos tiempo para entender y lamentar sus pérdidas, y examinamos formas en que podían sanar y alimentarse tanto ella como su relación con su nuevo marido. Exploramos cómo Dios podía, incluso en esa etapa, llegar a su corazón y sanar heridas pasadas. Cómo Dios, el Sanador ideal, tenía metas elevadas para ella, soñaba grandes sueños para ella y se ocupaba de ella con un amor inalterable, independientemente de lo que ella hiciera o no hiciera para ganarse ese amor.

Considere las palabras del profeta Jeremías: "Porque yo sé los pensamientos que tengo acerca de vosotros, dice Jehová, pensamientos de paz, y no de mal, para daros el fin que esperáis" (Jer. 29:11).

Bendecir

El apóstol Pablo comenzó muchas de sus cartas con palabras de aliento. Aunque muchas veces ofrecía consejos críticos, sazonaba sus palabras generosamente con afirmación. ¿Sabía él lo que nosotros sabemos, que la crítica constante desalienta y raras veces edifica? ¿Que las personas y los matrimonios necesitan bendición y aliento para prosperar? ¿Que uno no tiene que ganarse una bendición? Escuche sus palabras de despedida a la iglesia en Tesalónica:

"Y el mismo Dios de paz os santifique por completo; y todo vuestro ser, espíritu, alma y cuerpo, sea guardado irreprensible para la venida de nuestro Señor Jesucristo. Fiel es el que os llama, el cual también lo hará" (1 Ts. 5:23-24).

Siempre espero con entusiasmo la bendición después del sermón en nuestra iglesia. Puede que me conmueva apasionadamente con los himnos y la adoración, y que la prédica y la lectura de la Palabra me den convicción, pero siempre estoy ansioso por la sensación de bienestar que da la bendición. Allí, en esos tranquilos momentos, mi alma sedienta absorbe las palabras. Allí también lucho con mis cualificaciones para recibir la bendición. ¿Soy lo suficientemente digno? ¿Fui lo suficientemente bueno la semana anterior? Hago todo lo que esté de mi parte para silenciar a los críticos internos y simplemente recibir el regalo: la bendición.

Hace varios años, me conmovió tanto la bendición que dio mi primo y pastor Jim Sundholm que después de escuchar su mensaje otra vez en una grabación, decidí aprendérmela de memoria. La he usado en mis talleres para terminar y a la vez ofrecer una bendición a los participantes. La ofrezco aquí como aliento para los lectores y para terminar nuestro capítulo.

Gracia y paz sean a ustedes de Dios nuestro Padre, mediante nuestro Señor Jesús, el Cristo, en quien tenemos todo lo que somos y todo lo que seremos, en un mundo que, por la gracia de Dios, no tendrá fin. Amén.

Capítulo 7

Deje de vivir con cercas de papel:
Aprenda a crear límites saludables

Lo ideal es que ambos miembros de una pareja enamorada
se liberen mutuamente a mundos nuevos y diferentes.
ANNE MORROW LINDBERGH

———————— ⁂ ————————

Estas mañanas encuentro una capa fría y cristalina en los vidrios de mi auto, lo que me obliga a pasar unos minutos adicionales raspando y restregando el parabrisas antes de poder irme a trabajar. Si hubo luna llena la noche anterior, la capa de hielo será incluso más gruesa a la mañana siguiente.

Se acabó el salir corriendo descalzo para ir a buscar el periódico. Se acabó el salir al auto en camiseta. He guardado mi chaqueta de verano y la he reemplazado con mi grueso abrigo de lana. Terminó el verano, llegó el otoño, y el invierno no puede estar muy lejos.

El otoño cambia invariablemente nuestra atención a cuestiones que no son viajes a la playa ni barbacoas, dos cuestiones de suma importancia: se acercan las fiestas y nuestras familias se van a reunir.

Espero que no me entienda mal. Soy un tradicionalista. Me gustan los festejos que acompañan a los días de fiesta. Me gustan las celebraciones de Acción de Gracias, el pavo, el puré de papas y las buenas conversaciones. Me gusta que lleguen familiares de fuera de la ciudad y continuar viejas tradiciones. Me gusta la risa y la alegría que han formado parte de mi familia durante muchos años. Me encantan todas las razones de la estación.

Sin embargo, no podemos equivocarnos. Las fiestas, más que ningún otro momento del año, son tiempos para practicar el punto clave de este capítulo: *aprender a crear límites saludables.*

Los días de fiesta son una época cuando la familia y los amigos parecen llegar a tropel. Algunos probarán nuestros espíritus. Todos, incluidos nuestros cónyuges, pueden provocar problemas con los límites.

Me crié en una familia grande, en un pueblo pequeño, en una calle tranquila. Tengo tres hermanas y un hermano, y estoy justo en el medio del grupo. Todos, incluidos nuestros cónyuges, hijos, padres y amigos, nos reunimos para las fiestas.

Mi familia, tal vez igual que la suya, tiene sus peculiaridades. *¡Definitivamente!* Para ser más exacto, tiene la tendencia de sobrepasar los límites emocionales. Mis familiares, tal vez igual que los suyos, vienen con diferentes personalidades y opiniones que no tienen temor de compartir. Algunos hablan bajito, son amables y muy sensibles a los sentimientos de los demás. Otros son… pues, un poquito más dominantes. La mayoría respeta los límites de los demás, pero algunos son menos propensos a practicar ese concepto. He aprendido que todas las reuniones de familiares y amigos tienen el potencial de herir los sentimientos.

En una reunión familiar reciente, tuve una lucha con el tema de los límites. Sucedió por un asunto insignificante, como suele ser el caso, y comenzó con una simple pregunta.

Mi padre me preguntó cómo iban mis viajes para promover mi libro más reciente. Parecía interesado y preocupado de verdad. Hasta ahí no hubo problemas. Luego una de mis hermanas (me reservo el nombre, preocupado por la autopreservación) preguntó si yo había estado comiendo bien. Oh, oh.

—¿A qué te refieres? —pregunté yo.

—Pues, tienes que asegurarte de no comer después de las nueve de la noche porque tu cuerpo no puede metabolizar los alimentos igual de bien después de esa hora. Te puede hacer engordar.

Me sentí molesto de inmediato. Lo último de lo que quería hablar era de mi peso.

—Como lo mejor que puedo cuando viajo —dije yo—. Además, no creo que tengas razón en cuanto a comer después de las nueve de la noche.

Para ese momento, me sentía tenso y con muchas ganas de cambiar el tema. Sentía que me estaba arrastrando hacia un debate para el cual estaba demasiado cansado. Mis límites parecían increíblemente vulnerables.

—Ella tiene razón, David —dijo otro de mis hermanos—. Se ha concluido a partir de algunos estudos que uno no debe comer justo antes de irse a la cama porque el cuerpo se apaga. Tienes que asegurarte de comer a las horas normales. Debes evitar comer en tu habitación por la noche. ¿Vuelves con unos kilos más, tras un viaje?

En ese momento, mi padre entró en la conversación. A pesar de que lo quiero mucho, él todavía tiende a tratar a sus hijos con condescendencia. Me retorcí y me pregunté qué clase de sermón vendría ahora.

—Creo que es verdad, hijo. Cuando yo tenía tu edad, solía volver a casa tarde del trabajo, y tu madre me preparaba una comida: carne, papas, todo lo demás. En un año, aumenté diez kilos.

—Más de diez, querido —dijo mi madre sin saber que mi tensión aumentaba.

—Bueno, quince kilos. De todas formas, hijo, tienes que fijarte en cómo comes cuando estás viajando. De lo contrario, te vas a ver como yo.

En ese momento, no estaba seguro de si debía explicar que comer papas con carne, a cualquier hora del día, sin hacer ejercicio, seguro que engorda. Estaba convencido de que el aumento de peso de mi padre tenía menos que ver con *cuándo* él comía y más con *qué* comía. Pero ese no era el problema. Y más importante aún, ese no era *mi* problema. Lo único que quería era escapar de aquella conversación.

Si uno reflexiona en esa plática familiar, aparentemente benigna, notará varias cosas. Verá que comenzó de manera inocente y terminó con molestia y confusión de mi parte. Tal vez usted hasta se sonría por entender bien el asunto y note que esas conversaciones suceden a menudo en los matrimonios y las relaciones familiares, quizás en la suya.

Examinemos esto más de cerca. ¿Dónde comenzó el problema? ¿Por qué ocurrió?

Mi padre me preguntó inocentemente acerca de mis viajes. Hasta ahí todo iba bien. Pero entonces alguien *me dijo* que me fijara en cómo comía. A pesar de que eso no constituía un problema grave, yo no pedí el consejo. Por tanto, se traspasó el límite imaginario que todos debemos respetar mutuamente. Luego notará que cometí un error: me defendí. Ofrecer explicaciones defensivas, por lo general, empeora el problema de los límites. Comunica el mensaje de que estamos dispuestos —de hecho, ansiosos— a continuar la conversación, independientemente de lo molestos que nos sintamos. Antes de darme cuenta de lo que estaba pasando, mi familia me había arrastrado a una conversación acerca de *mi peso*, una conversación que no quería tener. Sin saberlo, me sentí desconfiado, irascible e inseguro de mí mismo. Quería alejarme de mi familia, las mismas personas a las que más quería y con quienes decidí pasar mi tiempo.

Esas conversaciones pueden suceder fácilmente y crear confrontación y ansiedad en las familias y los matrimonios. Estos son los problemas acerca de los cuales aprenderemos en este capítulo para evitar cometer nuestro próximo error grave: *vivir con cercas de papel*.

Las cercas

Las personas hablan mucho estos días de los límites, y con razón. Los límites separan nuestra vida de la vida de los demás. Definen cómo somos diferentes de los demás y cómo queremos que nos traten. Esas cercas invisibles, igual que las visibles que rodean nuestras casas, nos protegen. Somos responsables de cuidar lo que hay detrás de esas cercas, nosotros incluidos.

No hace mucho, escribí un libro completo sobre este tema: *Cuando complacer a otros le hace daño*. Observé que Dios estableció el universo con un cierto orden y con límites específicos. Después de diseñar un universo ordenado, con agua y tierra confinados a ciertos límites, Dios estableció una creación que iba a obedecer ciertas leyes físicas, como la gravedad. También estableció directrices espirituales que afectan a nuestra vida, como la ley de que uno cosecha lo que siembra, la cual todos hemos experimentado.

Así como los límites geográficos nos ayudan a definir dónde comienza y termina nuestra propiedad, los límites emocionales, espirituales y físicos nos ayudan a determinar qué cosas son, y no son, nuestra responsabilidad.

Usando esta simple definición —*entender qué es, y qué no es, nuestra responsabilidad y vivir en consecuencia*—, la plática con mi familia durante aquella comida cobra un nuevo significado. Si repasamos la situación, vemos que ellos, aunque tenían buenas intenciones, estaban cruzando las rayas de la responsabilidad. Estaban ofreciendo consejos no solicitados sobre cómo yo *debía* comer. Aparentemente se sentían justificados al ofrecer ese consejo porque yo era su hermano o hijo.

Usted bien notará que soy en parte responsable de esa dinámica familiar. No puse un límite que hiciera saber a mis hermanos y a mi padre que yo podía cuidarme a mí mismo. Más bien, me molesté y me puse a la defensiva. Una vez que mordí el anzuelo, acepté tácitamente jugar el juego.

Por fortuna, mi familia es razonablemente sana. La situación anterior es verdadera, pero ni es típica ni es particularmente grave. Muchas familias actúan de esa manera una y otra vez a mayor escala. En esos casos, no debe sorprendernos que los familiares se aíslen unos de otros. No es de extrañar que las parejas casadas tengan conflictos por problemas de límites. Las familias y parejas con límites no saludables tienen las siguientes características:

- No han determinado cuál es su responsabilidad, y qué no les incumbe.
- No pueden distinguir claramente lo que están sintiendo ellos mismos, de lo que otros miembros de la familia están sintiendo.
- No pueden decidir por sí mismos lo que quieren, ni lo que otros quieren de ellos.[1]

La anécdota sobre mi familia puede que le recuerde una situación similar que haya ocurrido con su cónyuge o sus parientes. Tal vez usted esté viviendo con un cónyuge o familiares que ofrecen muy libremente consejos que nadie les ha pedido. Quizás le cuesta decirles que preferiría no recibir ese consejo. Si esto se aplica a alguna de sus relaciones, este capítulo le será útil.

Dos mujeres diferentes

Eran dos mujeres muy diferentes. Una era alta y delgada; la otra, bajita y fornida. Una tenía un título universitario avanzado; la otra, apenas había sacado su diploma de secundaria. Una era triste y estaba desalentada; la otra, optimista y vivaz. Una tenía límites que parecían cambiar con el viento; la otra tenía límites firmes y constantes. Una parecía un poquito desconcertada; la otra tenía una claridad única y una mente muy ágil. Estas mujeres me dieron ejemplos de límites de la vida real y el impacto que podían tener en la vida de una persona. Ofrecían ejemplos de la importancia de evitar este error grave: vivir con cercas de papel.

Carla era una cristiana devota de cincuenta y tantos años que vino a verme porque tenía síntomas de depresión. Iba vestida perfectamente con una falda y una blusa que hacían juego. Su pelo canoso estaba muy bien peinado. Carla había tenido problemas de falta de energía y de entusiasmo durante varios años. Me dijo que sus amigas pensaban que ella era "tan dulce como la miel", aunque se preguntaba si alguna de ellas la conocían realmente. Por extraño que pueda parecer, los problemas de Carla derivaban de su obsesión por no herir los sentimientos de nadie.

"Así me criaron —dijo—. Mi madre me enseñó a no ser respondona con nadie. Decía que yo siempre debía considerar las necesidades de los demás, antes que las mías. Así vivió ella su vida".

Carla se sonreía de vez en cuando al referirse a sí misma como "una orgullosa sureña": "Respeto a los demás y espero que ellos me respeten. Nosotros los sureños no exigimos que las cosas se hagan a nuestra manera. Tratamos de demostrar que tenemos clase, no que somos arrogantes. Más que nada, queremos ser hospitalarios. Eso forma parte de mí. Nos enseñaron desde temprano que debíamos ocuparnos de los demás. Hay que colocar a otros por encima de uno mismo y siempre acomodar a los demás antes que a uno mismo. Es lo correcto. Es lo que enseña la Biblia".

Carla me dijo que estaba casada con un "hombre fuerte e independiente". En ese momento, estaba jubilado, pero Jorge había sido un hombre de negocios exitoso y exigía mucho de Carla al tiempo que daba poco a cambio. Durante años, ella había disfrutado de los beneficios del lujoso sueldo de su esposo. A ella le gustaba recibir visitantes en su espaciosa mansión estilo mediterráneo situada en una colina con vistas a la ciudad. También se deleitaba en el reconocimiento social que recibía en el club. Lo que no le gustaba era la naturaleza controladora de Jorge.

Aun así, Carla se preguntaba por qué eso la molestaba tanto. Se preguntaba por qué su carácter dominante le había causado inseguridad con el correr de los años. Me dio muchos ejemplos de cómo él le decía lo que debía hacer, pensar y sentir. Sorprendentemente, no reconoció hasta hace poco que aquello era inapropiado, a pesar de que le había hecho estragos en su autoestima.

Carla me dijo que había estado deprimida durante varios años, sobre todo después que sus cuatro hijos se habían ido de la casa. Los extrañaba, y me dijo con cautela que estar con su esposo se había convertido en algo difícil para ella. Como Jorge estaba jubilado, permanecía en la casa mucho más tiempo y se había vuelto cada vez más exigente. Quería que lo sirvieran, que lo entretuvieran y que lo alimentaran exactamente como le placía solo a él. Gran parte del tiempo, se mostraba irascible, lo cual ella trató de ignorar y de calmar de diferentes maneras. Sin embargo, sus intentos no habían logrado protegerla de su tristeza.

Recientemente, dos de sus hijas habían estado peleando la una con la otra. Ambas la llamaban en busca de apoyo. A Carla le era difícil poner límites a sus hijas y se veía arrastrada fácilmente a sus conflictos. Cada una de ellas pasaba horas hablando con su madre sobre su versión de la historia. Carla no sabía bien cómo manejar la situación porque sentía empatía por ambas. A su esposo le importaba poco su problema y la animaba a "dejar que se pelearan", lo cual hacía que Carla se sintiera aun más aislada.

Cintia era totalmente distinta de Carla. Tenía sesenta y tantos años, iba vestida con suéter, vaqueros y una boina roja. Vino a verme después que su esposo la dejó por otra mujer, después de treinta años de casados. Desde que nos saludamos, Cintia lloró de manera intermitente, sobre todo cuando hablaba de su divorcio. Había trastornado su mundo, y estaba tratando desesperadamente de entender las cosas.

Pero detrás de su dolor, era evidente que Cintia tenía una fortaleza sosegada. Mostraba una determinación que me sorprendió. Puesto que estaba claramente agitada por aquella situación que no esperaba, prometió fortalecerse más en el proceso. Cintia, una mujer de mente firme, tenía a veces un dejo de descaro. Me dijo con orgullo que tenía fama de decir lo que pensaba.

Aunque Cintia estaba evidentemente triste por su increíble pérdida, más que nada estaba enojada. Estaba indignada de que su esposo "haya podido divorciarse de ella, de sus hijos y de sus nietos" después de construir toda una vida juntos. Estos eran los años que ella había esperado para disfrutar de su familia grande, y ahora la familia estaba dividida. Todavía luchaba para "entender las cosas". Había ido a consejería en la espera de que yo pudiera ayudarla a comprender por qué se había producido el divorcio, resolver su aflicción y seguir adelante con la vida. Después de nuestra primera reunión, yo tenía pocas dudas sobre su capacidad de lograr esas cosas.

Mientras Cintia reflexionaba en su matrimonio, habló de su vergüenza por tolerar demasiado "abuso" de parte de su ex esposo en el transcurso de los años. Me habló de su historial con las mujeres y cómo ella lo había soportado "por el bien de los hijos". Cintia había rescatado a su esposo una y otra vez durante sus escapadas y le había ofrecido un hogar cálido donde ella "perdonaba y olvidaba". Ahora, después de todos sus sacrificios, estaba enojada porque él había malgastado sus cuidados y la había dejado por otra.

Cuando le pregunté a Cintia por qué había soportado aquella constante falta de respeto y maltrato por parte de su esposo, ella comenzó a darse cuenta de que había tolerado demasiado. Y al hacerlo, sólo había logrado reforzar su conducta irresponsable.

"Creía que él cambiaría. Sé que parece una tontería, pero pensé que él maduraría algún día. La verdad es que creí que se daría cuenta de que no todo lo que brilla es oro y que finalmente dejaría de engañarme. Fui ingenua, probablemente incluso estúpida de algún modo.

Hasta llegué a creer secretamente que Dios intervendría y me ayudaría si yo mantenía la fe. Pero ahora entiendo que Dios permite que las personas, incluido mi esposo, encuentren su propio camino, incluso si eso significa que los demás sufran por lo que ellos hacen".

Tanto Cintia como Carla tenían dificultades emocionales. Carla sufría de una depresión significativa; Cintia tenía algunos síntomas similares, pero la suya derivaba de una reacción transitoria a la aflicción. El pronóstico era muy distinto para las dos mujeres. Puesto que tenía límites más firmes, Cintia podía esperar recuperarse de su pérdida con relativa rapidez. Miraba atrás y entendía cómo había permitido que su esposo se aprovechara de ella con sus aventuras. Ahora, por lo general, sentía que tenía el control de su vida y prometió salir de todo aquello más fuerte que nunca. Esperaba cosas buenas para el futuro.

Por otro lado, para Carla probablemente las cosas iban a ser más difíciles. Durante años había tenido problemas de baja autoestima. Había cultivado rasgos perturbadores en su personalidad, tal como permitir las conductas exigentes de su esposo, y tal vez iba a necesitar años para superarlos. Puesto que sus límites eran cercas de papel, su depresión estaba afianzada, y no iba a mejorar rápidamente. Tenía que aprender muchas habilidades antes de poder esperar mejorar de manera significativa. Sin embargo, aprender a crear límites saludables era un trabajo importante para ambas mujeres, y puede que lo sea para usted también.

Tanto Carla como Cintia luchaban para obedecer el mandato escritural del apóstol Pablo que leemos en Gálatas 6:2, 5: "Sobrellevad los unos las cargas de los otros, y cumplid así la ley de Cristo… porque cada uno llevará su propia carga". La palabra *carga* sugiere algo que es casi imposible de manejar para una persona sola. Hemos de ayudar a los demás cuando estos encuentran algún obstáculo que les resulta imposible de manejar. Sin embargo, ellos deben llevar su propia "carga", las responsabilidades diarias de la vida.

Para muchos de nosotros es difícil poner en práctica las palabras de Pablo. Muchas veces nos sentimos confusos sobre cuál es la mejor forma de cuidar a los que amamos. Podemos razonar que nuestra "atención" es "cariño" y que es por amor que les permitimos ciertos excesos. Los cristianos en particular pueden fomentar las debilidades de otras personas por un deseo de ser personas generosas. Pero muchas veces, no examinamos con franqueza cómo nuestra conducta amplía y extiende los problemas.

Al repasar la vida de Carla y de Cintia, vemos que ambas estaban confundidas en estos asuntos. Carla pasaba por alto la conducta controladora de su esposo a cambio de la casa lujosa sobre la colina. Ella daba demasiado a cambio de muy poco y permitía que le faltaran el respeto una y otra vez. El precio que pagó a la larga fue la pérdida de la autoestima y una posterior depresión, todo porque cometía el grave error de vivir con cercas de papel.

Cintia tenía más chispa y mostraba un deseo más fuerte de terminar con su papel de víctima. Pero también había permitido que su esposo no la valorara. Durante años toleró el abuso de las aventuras de su esposo a cambio de una vida familiar aparentemente estable. Aunque podemos solidarizarnos con ella y comprender su deseo de estabilidad, el precio que pagó fue muy alto. Llevaba una carga que no le correspondía. La conducta de su esposo necesitaba atención desde hacía muchos años, y pasarla por alto no le hacía bien ni a ella, ni a él, ni a su familia.

El efecto de los límites

El matrimonio es difícil. Las familias tienen sus retos. Sin embargo, esos problemas nos dan una oportunidad singular. Tenemos que ver esos apuros como oportunidades para crecer. Podemos aprender mucho si observamos la falta de límites en la interacción de mi familia y las vidas de Carla y Cintia. La capacidad de poner límites es una de las herramientas más importantes que una persona puede aprender. Si no dominamos la habilidad de poner límites, nuestra vida será confusa. Sin límites…

- no estamos seguros de lo que pensamos;
- no podemos articular claramente lo que es verdad para nosotros;
- no estamos seguros de cómo difieren nuestros pensamientos de los pensamientos de los demás;
- estamos confundidos acerca de cómo cuidarnos;

- nos perturba el hecho de poner límites a algunas de nuestras conductas;
- nos enojamos porque otros se aprovechan de nosotros.

Por otro lado, cuando aprendemos el fino arte de establecer límites...

- sabemos lo que pensamos;
- podemos decir que sí a cosas buenas y que no a cosas malas;
- sabemos cómo cuidarnos;
- sabemos cómo difieren nuestros pensamientos de los pensamientos de los demás;
- asumimos la responsabilidad de nuestras acciones, no de las acciones de los demás;
- respetamos la capacidad de otras personas de decir que sí y que no, y respetamos sus decisiones;
- sabemos cómo poner límites a las intrusiones de otras personas en nuestra vida;
- sabemos cómo poner límites saludables a nuestras actividades.

Como puede ver, los límites pueden aportarnos una gran libertad. Veamos de nuevo la interacción de mi familia, esta vez colocando especial énfasis en el efecto de los límites que no están definidos.

En primer lugar, mi hermana, sin ninguna intención negativa, afirmó que yo tenía que fijarme en cómo comía cuando viajaba. A pesar de que esto parece inofensivo, los problemas muchas veces comienzan cuando alguien nos dice lo que *tenemos que hacer*. Pocos de nosotros queremos escuchar lo que *debemos* hacer a menos que hayamos invitado a esa persona a que nos hable.

En segundo lugar, fíjese en mi evidente irritación, una señal de actitud defensiva. Sin embargo, no puse atención directamente a mi malestar ni lo usé para poner límite a la conversación. Por eso las cosas progresaron.

Luego, otro hermano intervino en la conversación y reiteró que yo debía prestar atención en lo que comía. Eso elevó la importancia de fijarme en lo que como y el "hecho" de que las personas engordan cuando comen después de las nueve de la noche.

Por último, mi padre también metió la cuchara, aparentemente inconsciente de que mis hermanos estaban extralimitándose. Le permití a toda mi familia que me diera una lección sobre alimentación mientras se viaja, pero no tenía ningún interés en el tema ni en sus opiniones al respecto.

Afortunadamente, esa conversación comenzó y terminó en cuestión de minutos y sin mayores incidentes. Sin embargo, pudo haber dado un mal giro en muchos de los puntos. Por fortuna, no se hirieron los sentimientos de nadie, y seguimos adelante con nuestro festejo familiar.

Pero ¿qué hubiera pasado si la intensidad hubiera aumentado un diez por ciento? ¿Y si yo hubiera estado un poquito más cansado y hubiera objetado con firmeza el consejo no solicitado? ¿Y si alguien hubiera seguido diciéndome cómo yo debía comer o hubiera mencionado que parecía que había engordado unos cuantos kilos durante mis viajes? ¿O qué hubiera pasado si yo hubiera decidido poner un límite anunciando que en realidad no quería hablar del tema?

Aunque esos límites en mi familia pueden parecer increíblemente triviales, no lo son en absoluto. Algunos creerán sin duda que si me ofendo porque alguien me dio un consejo para mis viajes es porque no tengo nada más que hacer. Todo lo contrario. Esa interacción ilustra perfectamente un punto clave de este capítulo: poner límites en nuestra familia y en nuestro matrimonio mantiene las relaciones sanas. Debemos estar alertas acerca del "mantenimiento de los límites" si queremos conservar nuestras relaciones firmes y efervescentes.

Límites en el matrimonio

Si los límites en las familias son complicados, ¿qué sucede con los del matrimonio? Townsend y Cloud, en su libro titulado *Límites*, nos ofrecen algunas reflexiones:

> Si hay una relación en la que los límites se pueden confundir es el matrimonio, donde por diseño, el esposo y la esposa "serán una sola carne" (Ef. 5:31). Los límites fomentan la separación. Una de las metas del matrimonio es desistir de la separación y en vez de dos, llegar

a ser uno. ¡Qué potencial estado de confusión, sobre todo para alguien que nunca ha tenido límites claros![2]

Townsend y Cloud afirman que los problemas surgen cuando entramos sin autorización en la vida de una persona cruzando la raya y tratando de controlar sus sentimientos, actitudes, conductas, decisiones y valores. Veamos más de cerca algunos ejemplos.

Los sentimientos

Tal vez no haya nada tan singular a nuestra individualidad como nuestros sentimientos. Soy muy consciente de que pocas personas piensan como yo. Muchas veces descubro que las cosas que me apasionan son mucho menos significativas para los demás. Por otro lado, también noto que lo que es importante para otras personas puede que no sea en absoluto importante para mí.

Esto salió a relucir hace poco, durante nuestras elecciones nacionales. Siempre he pensado que *debería* estar participando apasionadamente en la política. Y sin embargo, en gran medida no es así. Durante las recientes elecciones presidenciales, muchos debatían ardientemente los pros y los contras de cada uno de los candidatos. Me pareció que algunos de los aspectos de la contienda eran fascinantes, pero yo estaba más interesado en los asuntos que me afectaban todos los días, como escribir este libro, vender mi velero para poder comprar uno más grande, organizar una fiesta para mi grupo de trabajo, etcétera.

Los sentimientos nos distinguen claramente de los demás. Ayudan a determinar cómo voy a reaccionar diferente de usted en un tema en particular. Son aspectos únicos de nuestra personalidad que pueden definirnos mucho más que el color del pelo, la estatura o la herencia. Los problemas suceden cuando intentamos decir a los demás qué *deben* sentir. Eso simplemente no da resultado y lo único que logra es crear tensión en un matrimonio.

Los deseos

Tenemos que asumir la responsabilidad de otro aspecto clave de nuestra persona: nuestros deseos. Todos deseamos cosas singularmente diferentes y somos responsables de negociarlas en nuestro matrimonio. Por lo general, los deseos de alguien no son universalmente buenos ni los de otra persona son universalmente malos. Simplemente son diferentes.

Carla y Jorge, de quienes hablamos al principio de este capítulo, luchaban con el asunto de los deseos. Carla estaba atrapada en el conflicto entre sus hijas. Quería apoyo emocional y participación de parte de Jorge, pero él no quería meterse en el conflicto de sus hijas.

Traté de ayudar a Carla a ver el deseo de Jorge de no meterse como algo que él había decidido, no necesariamente como algo bueno o malo. Un resultado satisfactorio hubiera sido que ella compartiera con él su deseo y que los dos buscaran una solución al problema. Desafortunadamente, eso no sucedió.

Límites a lo que puedo dar

Cada uno de nosotros tiene que decidir lo que puede y no puede dar. También debemos determinar dónde termina el dar y dónde comienza el resentimiento. Casi sin excepción, sentimos resentimiento en una relación cuando hemos dado más allá del punto en el que nos sentimos cómodos. Ya no damos con amor. Más bien lo resentimos.

Carla se crió como dadora. Cuando reflexionó en su matrimonio, descubrió que Jorge no era el único que era exigente con ella. Descubrió que ella también esperaba de sí misma dar independientemente de cómo se sintiera. Descubrió que él había aprendido a esperar demasiado de ella y que ella había respondido de la misma manera, en gran parte a causa de una crianza que había establecido firmemente este tipo de conducta.

Cintia también ha pasado muchos años siendo dadora. Se ha dedicado a satisfacer las necesidades de su esposo y su familia. La única persona que descuidó fue a ella misma. Aunque es una mujer fuerte, no estableció límites a lo que iba a tolerar. No consideró el efecto que la conducta de su esposo tendría en ella. Ingenuamente, pensó que si tan solo continuaba dando, con el tiempo sería recompensada.

Hay quienes dicen que nosotros enseñamos a los demás cómo tratarnos. Si enseñamos a otros que respeten nuestros límites, muchas veces lo harán. Si les enseñamos que nuestras cercas son de papel y que las pueden tumbar fácilmente, no se tomarán en serio nuestros límites. Somos responsables de enseñar a los demás lo que estamos dispuestos a dar y luego a dar con un corazón alegre (2 Co. 9:7).

Cómo reparar los límites estropeados

¿Qué hemos de hacer si nuestros límites están estropeados? ¿Qué debemos hacer si hemos luchado en un matrimonio con alguien que una y otra vez se ha extralimitado? Es posible que usted se sienta tan frágil, tan violado, que no crea que puede reparar las cercas.

Hace un tiempo, trabajé con un hombre de treinta y cinco años de edad que tenía mucho resentimiento y amargura. Carolina, la esposa de Marcos, había empezado a pasar noches con sus amigas mientras él cuidaba a los hijos adolescentes. Puesto que se sentía amenazado y enojado, reaccionó de una manera hostil y controladora. Protestó firmemente contra aquel cambio repentino en la conducta de ella, pero lo que sus protestas lograron fue que ella se ausentara más.

Marcos confesó que se sentía impotente para cambiar la conducta de Carolina. Me dijo que le había exigido que cambiara, pero que eso los alienó aun más. Ella estaba decidida a salir con sus amigas una o dos noches a la semana, e insistía en que eso no tenía nada de malo. Las semanas se convirtieron en meses, y Marcos percibía que el calor y el compromiso de su matrimonio se desvanecían. Entonces buscó consejería.

La conducta de Carolina hirió a Marcos profundamente, y su reacción parecía que la había herido a ella. Él admitió que había sido controlador, que juzgaba su conducta y que veía con desdén a sus amigas. Ahora se daba cuenta de cómo aquellas conductas la enfurecían. Cada uno era culpable de traspasar los límites del otro, casi hasta el punto de arruinar su matrimonio. Marcos se preguntaba si había alguna esperanza.

Le pedí a Marcos que me contara, lo más objetivamente posible, lo que Carolina podría estar sintiendo.

"Ella me ha dicho muchas veces que tiene deseos de compañía femenina. Me dijo que no tengo razón de sentirme amenazado y que ella no va a hacer nada que ponga en peligro nuestro matrimonio. Dice que trabaja arduamente y que necesita tiempo alejada de la casa para liberar un poco de tensión y reírse un poco con sus amigas. Ha dicho muy claramente que detesta cuando yo trato de controlarla. Dice que eso la enoja más".

Le pregunté si podía citar algún ejemplo de control excesivo por su parte en algún momento de su matrimonio.

"La verdad no lo creo —dijo—. Pero Carolina probablemente discrepe. Supongo que algunas veces no me he detenido a escucharla. Me imagino que eso es lo que busca en sus amigas".

Lo que les sucedió a Marcos y a Carolina es común. Uno de los dos quiere algo que el otro considera perturbador. Uno hace intentos inútiles de controlar la conducta del otro. Y al mismo tiempo, muchas veces, cuanto más trata uno de controlar al otro, más aumenta la conducta indeseable.

Marcos y yo consideramos sus opciones. Repasamos detenidamente su responsabilidad por su conducta, no por la de su esposa. Consideramos la necesidad de Carolina de alejarse de las obligaciones familiares, la casa y los niños para estar con sus amigas. Reflexionamos en cómo otras personas muchas veces tienen limitaciones en lo que quieren y pueden dar. Carolina parecía poner en práctica a propósito sus creencias particulares sobre su necesidad de pasar tiempo con sus amigas, y la conducta de Marcos solamente empeoraba las cosas. Él consideraba que sus límites no se estaban respetando (tener que cuidar a los niños mientras ella salía con sus amigas), sin embargo, él tenía que tener cuidado de no traspasar los límites de ella.

Con la ayuda de la consejería, Marcos pudo parar su conducta enojada y controladora y abordar a Carolina desde una posición más suave y amorosa. Pudo poco a poco compartir sus sentimientos con ella mientras ella compartía los suyos con él. Pudo comprender que ella no estaba traicionando su matrimonio de ninguna manera.

Aceptaron hablar con su pastor y buscar objetivamente maneras de resolver sus diferencias. Pudieron negociar una solución que daba resultado para ambos, evitando con ello un desastre en su matrimonio.

Guarde su corazón

Marcos y Carolina resolvieron sus diferencias. Él abandonó un poco su control y su crítica y comenzó a apoyarla en su deseo de pasar un tiempo bien merecido con sus amigas. Por consiguiente, Carolina respondió a sus gestos expresando su deseo de pasar más tiempo con él. Aprendieron a respetar los límites de cada uno, a respetar sus diferencias y a vivir en armonía. Pero ¿y si usted está casado con alguien que no respeta sus límites? ¿Y si él o ella se extralimitan constantemente? Los doctores Townsend y Cloud, en su libro titulado *Límites en el matrimonio*, ofrecen la siguiente advertencia:

> A veces uno de los miembros de la pareja que tiene una relación dolorosa no está dispuesto a cambiar. El cónyuge continúa haciendo cosas hirientes. Puede suceder que un cónyuge haya traicionado la confianza o haya tenido una aventura, y a pesar de haberse arrepentido, no ha pasado suficiente tiempo para demostrar que es digno de confianza. En esas situaciones, puede que no sea sabio confiar. Sin embargo, es prudente seguir en la relación y resolver los problemas.[3]

Townsend y Cloud ofrecen una serie de situaciones en las que este consejo se puede aplicar y dan sugerencias sobre cómo se podría responder.

- "Te amo, pero no confío en ti. No me puedo acercar tanto a ti hasta que resolvamos esto".
- "Cuando puedas ser amable, podremos acercarnos de nuevo".
- "Cuando demuestres que de verdad quieres ayuda, me sentiré lo suficientemente seguro/a como para abrirte mi corazón de nuevo".
- "No puedo compartir sentimientos profundos si me vas a castigar por ellos".

Puede que estas palabras le suenen discordantes o que le sea difícil compartirlas con su cónyuge. No cabe duda de que los límites son difíciles. Puede que a veces hieran, pero definen quiénes somos, establecen cómo somos diferentes de los demás y protegen lo que hay dentro de esos límites. Tenemos el mandamiento de tratar nuestro cuerpo y nuestra mente como templos del Espíritu Santo.

Townsend y Cloud afirman que el proceso de restauración puede requerir cierta distancia física entre usted y otra persona. Nos dicen que esa distancia puede proporcionar tiempo para pensar, sanar y aprender cosas nuevas. Las parejas a veces necesitan separarse porque la conversación ha llegado a un punto muy candente. En casos de abuso emocional, la separación puede ser esencial. También es posible que uno de los dos tenga una adicción y que sea necesaria una separación temporal para cumplir un tratamiento.

Tal vez usted deba proteger su corazón con cierta distancia emocional o incluso física hasta que sienta más confianza para acercarse. Sin embargo, aquí viene bien una amonestación. Tenemos que examinar nuestro corazón para asegurarnos de que nuestros motivos sean puros. "Los corazones impuros usan los límites para manifestar venganza e ira. Puesto que ninguno de nosotros es puro, tenemos que examinar nuestros motivos para establecer límites y asegurarnos de que sirven a los propósitos del amor y no a nuestros motivos impuros".[4]

Un sendero de amor

Después de nuestra larga conversación sobre límites y de reemplazar las cercas de papel con barreras más firmes, no debemos olvidar la ley del amor, que abarca más. Incluso si alguien ha traspasado nuestros límites causándonos dolor (lo cual es probable cuando uno se acerca a los demás), debemos darnos cuenta de que el amor y el perdón son importantísimos en toda relación. De hecho, *no arriesgarse* a amar y a perdonar es no tener límites saludables.

Considere por un momento a aquellos que han sido tan heridos que han decidido no acercarse a los demás nunca más. Cuando escuchamos la conmovedora historia de rechazo de Cintia, ¿no deseamos que el amor la encuentre de nuevo? ¿No susurramos una oración profunda y solidaria para que Dios entre en su vida y le provea del bálsamo de sanidad? Cuando nos imaginamos la lucha interior de

Carla, quien cambió seguridad por autoestima, ¿no queremos apoyarla para que se ame a sí misma?

Cuando hablamos de cercas y de límites saludables, debemos recordar que las cercas deben ser firmes, pero no inflexibles. Firmes sí, pero no rígidas ni impenetrables. Tenemos que dejar lugar para la vulnerabilidad. El amor no puede existir sin ella.

La meta de establecer límites saludables es compartir nuestro amor por los demás desde una posición de libertad. Cuando nos damos cuenta de quiénes somos y de lo que es importante para nosotros y cuando entendemos que Dios nos ama, tenemos la libertad de darnos a los demás sin temor. Tenemos la libertad de *no exigir* nuestra manera, aunque eso parezca en principio contradictorio a lo que hemos tratado en este capítulo. Seguros en nuestro amor a Dios y a nosotros mismos, y seguros de lo que es saludable para nosotros y para nuestros cónyuges, somos libres de dar más de nosotros.

Los maestros de la ley se acercaron a Jesús y le preguntaron acerca del mandamiento más importante de todos. Él dijo: "Y amarás al Señor tu Dios con todo tu corazón, y con toda tu alma, y con toda tu mente y con todas tus fuerzas… Y el segundo es semejante: Amarás a tu prójimo como a ti mismo…" (Mr. 12:30-31).

Fue así como Jesús vivió su vida. Él estableció límites saludables; a veces decía que no a las cosas malas y sí a las cosas buenas. El Nuevo Testamento da ejemplos de cuando Jesús decía que no y se alejaba de las multitudes. Procuró tener privacidad para orar al Padre en Getsemaní. Dio a los discípulos autoridad de echar fuera demonios y luego les dio instrucciones claras para entrar en una casa. "Y si la casa fuere digna, vuestra paz vendrá sobre ella; mas si no fuere digna, vuestra paz se volverá a vosotros. Y si alguno no os recibiere, ni oyere vuestras palabras, salid de aquella casa o ciudad, y sacudid el polvo de vuestros pies" (Mt. 10:13-14).

Jesús se sentía igual de cómodo cuando decía que sí a situaciones y eventos. Un leproso se acercó a Jesús y le preguntó si Él quería limpiarlo. "Quiero", dijo Jesús (Mt. 8:3). El Señor quiso ir y sanar al hijo del centurión. A la mujer samaritana, le hizo una solicitud inusual cuando le pidió un poco de agua. Optó por comer con publicanos, rameras y los menos afortunados a pesar de las críticas de los maestros de la ley. Una y otra vez, vemos a Jesús como alguien que se siente perfectamente cómodo consigo mismo. Es capaz de decir "sí" y "no".

Pero en la libertad, Jesús optó por negarse a sí mismo y servir a los demás, sin esperar nada a cambio. Tenía control absoluto de sí mismo y, por tanto, tenía la libertad de negar sus propias necesidades por amor. Por supuesto, Jesús hizo el sacrificio máximo de su seguridad y bienestar para poder ofrecernos el regalo de la vida eterna. Pagó el precio máximo sacrificándose a sí mismo para darnos vida y amor. ¡Qué mejor ejemplo que ese para nosotros!

¿Cuánto da usted en su matrimonio? ¿Cuánto se esfuerza para satisfacer las necesidades de su cónyuge? ¿Tiene resentimientos que necesitan sanidad? Una respuesta sincera a estas preguntas lo puede poner en el sendero más elevado del amor incondicional.

Capítulo 8

Deje de usar esa lengua indómita:
Deseche las palabras airadas

Si la palabra tiene la potencia de reavivar y liberarnos,
también tiene el poder de cegar, encarcelar y destruir.
RALPH ELLISON

El desastre del Teatro Iroqués de 1903, el peor incendio que haya conocido la ciudad de Chicago, fue la tragedia que nunca debió haber sucedido. En ese oscuro momento de la historia de la ciudad, murieron más de seiscientas personas. Los cuerpos quemados estaban apilados detrás de las puertas del teatro cerradas con llave innecesariamente, porque la administración no obedeció las políticas contra incendios ni tenía establecidas pautas prácticas de emergencia.

El escritor Anthony Hatch, en su libro titulado *Tinderbox: The Iroquois Disaster of 1903* [Caja de yesca: El desastre iroqués de 1903], señala que aquel teatro era la sala más segura de los Estados Unidos a principios del siglo XX y podía competir con cualquiera de Europa. Parece que los directivos del teatro miraron para otro lado cuando aquella semana de Navidad hace más de cien años, el teatro se llenó más allá de su capacidad. Un cortocircuito en uno de los focos de entre bastidores dio como resultado la peor tragedia en la historia del teatro estadounidense. En menos de veinte minutos, más de seiscientas personas, en su mayoría mujeres y niños, perecieron por causa de un incendio que se propagó rápidamente. Los que hubieran querido rescatar a las personas no tuvieron tiempo de reaccionar para salvar a las indefensas víctimas del horrible infierno.

Un relato de la calamidad sugiere que la multitud se apresuró a las puertas de salida como una inundación de aguas que trata de salir por la fuerza a través de pequeños orificios, pero esos orificios estaban obstruidos. Se encontraron a las víctimas en pilas de hasta diez cuerpos detrás de las puertas cerradas con llave. No tenían manera de escapar. Lo que las personas pensaron era el teatro más seguro se había convertido en una caja de yesca, lista para estallar y destruir con una sola chispa.

Los fuegos son especialmente aterradores: el pánico, la asfixia y los cuerpos mutilados. Hasta los que sobreviven muchas veces quedan desfigurados. Y sin embargo, si hemos de limitar los desastres —independientemente del tipo—, tenemos que aprender de ejemplos como este.

Igual que el cortocircuito que no funcionó bien en el desastre del Teatro Iroqués, la lengua, cuando se usa de manera airada, tiene la capacidad de crear chispas que pueden iniciar llamas conyugales. Una relación se puede echar a perder en cuestión de momentos por causa del feroz ataque de la lengua. Y en la caja de yesca de una relación reseca, una chispa puede arrasar por completo la unión entre el esposo y la esposa.

Aquí tenemos nuestro octavo error grave: usar la lengua de una manera indómita y airada. Al igual que el fuego, mata. Destruye personas, relaciones y matrimonios.

Una caja de yesca

La caja de yesca es un antiguo invento en la historia del fuego. Por lo general, era un recipiente con piedra, acero y virutas secas de paja o cáñamo que se usaba para encender fuegos. Dejó de usarse cuando se inventaron los fósforos.

La ilustración es clara. Así como Anthony Hatch comparó el teatro con una caja de yesca, podemos ver los matrimonios bajo la misma luz. Así como a menudo nos consideramos invulnerables a los estragos del fuego en nuestros hogares, también queremos creer que los estragos de la lengua no pueden encender un fuego en nuestro matrimonio. Eso, simplemente, no es verdad.

El apóstol Santiago comparó la lengua con una chispa en una caja de yesca. Fíjese en lo que dice sobre la lengua y las palabras airadas:

> "Así también la lengua es un miembro pequeño, pero se jacta de grandes cosas. He aquí, ¡cuán grande bosque enciende un pequeño fuego! Y la lengua es un fuego, un mundo de maldad. La lengua está puesta entre nuestros miembros, y contamina todo el cuerpo, e inflama la rueda de la creación, y ella misma es inflamada por el infierno" (Stg. 3:5-6).

Santiago usa imágenes potentes en este pasaje. Dice que la lengua es un fuego, no dice que es *como* el fuego, sino que *es* un fuego. Prosigue refiriéndose a ella como "un mundo de maldad". Este potente lenguaje nos obliga a pausar y a considerar lo que está diciendo. ¿La lengua es un fuego? ¿La lengua es un mundo de maldad? Seguro que exagera.

No lo creo.

Santiago capta nuestra atención al comparar la lengua —y nuestra habla— con un fuego que está descontrolado. Dice que la fuente de la maldad de la lengua es el infierno mismo, que Satanás puede usar la lengua para dividir a las personas y enfrentarlas entre sí. Puede que neguemos esto, pero la experiencia personal nos dice que sus palabras son veraces. Hemos visto en carne propia el daño que puede hacer la lengua. Hemos visto lo rápido que las palabras erradas pueden propagar la destrucción como el fuego en el teatro, como una chispa que inicia un incendio forestal.

Sabemos que las palabras de Santiago son ciertas.

Jugar con fuego

El fuego es uno de esos elementos que es o bien nuestro amigo, nos puede dar calor y proteger de la humedad, o bien es nuestro enemigo, un enemigo que puede causar un daño incomparable. Asimismo, la lengua puede exhortar o destruir. Tal como dijo Santiago: "Con ella bendecimos al Dios y Padre, y con ella maldecimos a los hombres, que están hechos a la semejanza de Dios" (Stg. 3:9).

El fuego crea un calor abrasador. Pero tal vez lo que más destruya sea el hecho de que consume el oxígeno que necesitamos para sobrevivir y causa asfixia. El fuego nos quita la vida igual que la lengua enciende un fuego mortal en nuestro matrimonio y le roba la vida.

Sin embargo, para que los fuegos continúen, necesitan combustible. Recibí una vívida lección sobre el fuego y el combustible un caluroso día de verano cuando tenía unos diez años de edad. Me encontraba recostado en la grama detrás de mi casa con un par de amigos. Con tallos de grama que nos colgaban de la boca contábamos historias y nos divertíamos. La vida no podía ser mejor.

Para un niño de diez años, aquellos tallos de grama eran tan tentadores como un cigarrillo prohibido, y uno de nosotros se preguntó cómo sería "fumarse" unas cuantas briznas de grama. Todo parecía muy inocente. Juntamos nuestros "cigarrillos" y procedimos a encenderlos. De repente, sin advertencia, cayó una chispa sobre un manojo de hierba seca, y luego otra, hasta que nos encontramos frente a un infierno que no podíamos controlar. Al darnos cuenta del potencial peligro del fuego, salimos corriendo a buscar a mi padre. Tres niños gritando captaron su atención de inmediato. Formamos una "brigada de cubetas" y pudimos sofocar el fuego para luego pasar al siguiente asunto importante: explicarle todo aquello a mi enojado padre. No sé qué nos asustó más, si el fuego abrasador o las chispas que procedían de mi padre.

Como tal vez se haya imaginado, decir "Lo sentimos" no satisfizo a mi padre, el cual estaba furioso. Ya nos había regañado antes por otras travesuras irresponsables, y la mala conducta de aquel día me iba a costar un castigo de semanas. Tuvimos que pedir disculpas al Departamento de Bomberos y escuchar el sermón más largo que uno se pueda imaginar de parte del jefe de los bomberos sobre la seguridad y los fuegos.

A veces, un matrimonio puede estar tan seco como la yesca, listo para que una chispa incendie las cosas. Una temporada de sequía, o los conflictos constantes, pueden preparar el escenario para un arrebato de ira de proporciones mortales.

Si hemos de proteger nuestro matrimonio de la lengua indómita y el fuego que la acompaña, debemos vigilar de cerca tanto la lengua como el combustible que alimenta el fuego.

Leña al fuego

Cecilia y Damián vinieron a verme porque tenían "problemas de comunicación" en su matrimonio. Habían estado casados por tan solo seis años y ya estaban pensando en divorciarse. Cecilia era una mujer atractiva y vivaracha de veintiséis años de edad que trabajaba en un banco local. Damián, su esposo, también de veintiséis años, era un hombre reservado y de voz ronca, e iba vestido de traje. Trabajaba como corredor de hipotecas y transmitía una actitud firme. Mostró poco humor durante nuestra primera reunión.

Tanto Cecilia como Damián habían cursado estudios universitarios y tenían habilidades verbales sofisticadas. Era evidente que habían perfeccionado esas habilidades y las usaban el uno contra el otro como espadas en un duelo. Sus pesadas bromas comenzaron desde el principio de nuestra consejería.

Cecilia decidió sentarse en un sillón lo más lejos posible de Damián. Damián miraba a Cecilia con hostilidad.

Les pregunté qué los había llevado a consejería.

—Parece que no podemos ponernos de acuerdo en nada —dijo Cecilia—. Quiero que Damián me ayude más en la casa con nuestros dos hijos pequeños, y él cree que ya hace suficiente. Dice que no es su trabajo.

—Sí, cómo no —dijo Damián con sarcasmo—. Dije que estaba dispuesto a hacer más trabajo en la casa si tú me ayudabas con algunas tareas fuera de la casa. Quiero que las cosas sean equitativas.

Ambos se miraron como si estuvieran evaluando a un enemigo antes de la batalla.

—No creo que ese sea el problema en absoluto —dijo Cecilia—. Creo que eres perezoso y que no quieres ayudar con las tareas de la casa. Tu padre nunca hace nada por tu madre, y tú esperas que yo te sirva de la misma manera. Estoy harta. Crees que es suficiente ir a la oficina y luego llegar tarde a la casa y jugar con los niños unos minutos. Hasta mis amigas creen que ayudas muy poco. Además, yo me ocupo de mantener el auto limpio y de cambiarle el aceite. Tú no me ayudas en eso.

Damián se rió por lo bajo de las palabras de Cecilia.

—Es una gran exageración decir que soy perezoso cuando trabajo sesenta horas a la semana y aporto setenta y cinco por ciento del ingreso al hogar. Yo no llamaría a eso pereza. Tú eres la que tienes todo fácil. Eres la que parece tener tiempo extra para pasar con tus amigas y hablar de todo lo que sucede debajo del sol. ¿Cuarenta horas a la semana y la limpieza de la casa? Eso no me suena demasiado difícil.

La tensión ya se sentía muy pesada en el ambiente. Yo me preguntaba qué habría sucedido para crear tal hostilidad entre aquella pareja. También me preguntaba cómo se hablarían mutuamente en la intimidad de su hogar, si estaban tan dispuestos a ser tan brutales en presencia de un extraño.

—Señores, me gustaría cambiar de tono por un momento. Percibo mucho enojo, y se están atacando mucho verbalmente. Si me lo permiten, me gustaría escuchar la historia de su relación. Específicamente, quiero saber cuándo comenzaron a hablarse de la manera en que se están hablando hoy.

Con renuencia, aceptaron pasar más tiempo hablando de la historia de su matrimonio. Descubrimos que desde los primeros meses, se mostraron negligentes en la manera en que se hablaban uno a otro. Estaban acostumbrados a compartir sus sentimientos agresivamente cuando se sentían incómodos el uno con el otro. Incluso cuando me contaron su historia, se vieron tentados a decirse algo mordaz en cada pausa de la conversación. Vivían en una caja de yesca y tenían todos los elementos necesarios para avivar los fuegos más destructivos de un matrimonio.

Fíjese a ver si existe alguno de estos "combustibles" en su relación.

En primer lugar, *cuando las personas se atacan mutuamente, por lo general se sienten heridas.* Ese definitivamente era el caso de Cecilia y Damián. Cada uno admitió que se sentía herido por las palabras del otro y atacaba por venganza. La sanidad solamente ocurriría cuando pudieran reconocer sus propias heridas y encontrar maneras de expresar su dolor.

La ira es una emoción secundaria. Considere investigar su matrimonio para ver si su ira puede ser un encubrimiento fácil de una o más de las emociones del siguiente grupo.

- *Culpa.* La ira muchas veces encubre sentimientos de culpa no expresados. Es posible que Cecilia se sintiera culpable de no dedicar más tiempo a sus hijos.
- *Inferioridad.* La ira muchas veces encubre sentimientos de inseguridad o inferioridad. Es posible que Damián haya sentido que no era todo lo eficaz que debía ser como padre y que los ataques de Cecilia amenazaban su frágil autoestima.
- *Temor.* A menudo esa es una emoción difícil de expresar. Tanto Cecilia como Damián pueden haberse sentido atemorizados por el hecho de que su matrimonio estuviera tan descontrolado.
- *Trauma.* Los conflictos pueden despertar de nuevo un trauma anterior en la vida y crear con ello una hipersensibilidad a un asunto. Este problema puede haberse intensificado en la relación de Cecilia y Damián debido a conflictos anteriores en sus familias de origen.

Segundo, *a veces las parejas no se sienten apreciadas en su matrimonio.* Damián y Cecilia revelaron cómo sus actividades y sus deseos de progresar profesionalmente habían hecho estragos en su relación. Estaban pasando mucho menos tiempo apreciándose mutuamente que en las primeras etapas de su noviazgo y matrimonio. Revelaron que sus vidas consistían en ocuparse de los detalles de administrar la casa y la familia. Muy a menudo, no tenían tiempo el uno para el otro. Raras veces procuraban pasar una noche especial juntos o apartar tiempo para una conversación tranquila. La mayoría de las noches, lo único que podían hacer era repasar rápidamente las páginas de un periódico antes de irse a la cama y apagar la luz.

Tercero, *las parejas muchas veces se callan su dolor.* Cecilia y Damián no habían encontrado la forma de hablar abierta y eficazmente sobre sus frustraciones. Por eso ocultaban su ira y su resentimiento. Enterraban su dolor, pero este resurgía en los problemas que no eran verdaderos problemas.

Por último, *hablarse con una lengua afilada se convierte en algo común.* Si uno no está atento, el sarcasmo indómito puede colarse en un matrimonio y convertirse en parte de toda conversación. Cecilia justificaba hablarle así a Damián debido al dolor que ella estaba sintiendo y porque él le hablaba así, y viceversa. Ambos habían perdido la sensibilidad al lenguaje crítico y airado que usaban el uno con el otro.

Cecilia y Damián tenían graves problemas. Los conflictos que mencionaron no eran abrumadores, pero la manera como se hablaban había encendido un fuego en su matrimonio.

Resolver los asuntos de roles en un matrimonio no es un problema abrumador. Sin embargo, cuando la pareja de casados hiere los sentimientos del otro y no aborda los problemas eficazmente, le echan leña al fuego. Y el fuego del matrimonio de Damián y Cecilia tenía poco oxígeno. Su relación era sofocante.

Por consiguiente, estaban contemplando terminar su matrimonio para encontrar el respiro que tanto necesitaban. Pero abandonar su matrimonio no iba a terminar con su dolor. Simplemente transportarían sus destructivos hábitos de comunicación a sus relaciones siguientes.

La lengua indómita

Es fácil criticar a Cecilia y Damián por usar sus lenguas indómitas como armas. Puede que den razones para dirigirse misiles verbales el uno al otro, pero los ataques solo servirán para perjudicar la integridad de su matrimonio. Las granadas vocales no hacen absolutamente nada para sanar su relación quebrantada ni aportan respuestas a sus desacuerdos.

Clifton Fadiman, en su libro titulado *The Little, Brown Book of Anecdotes* [El librito marrón de anécdotas], cuenta la historia del secretario de guerra de Abraham Lincoln, Edwin Stanton, quien aparentemente tenía problemas con un importante general que lo acusó, en términos insultantes, de favoritismo. Stanton se quejó al presidente Lincoln, el cual sugirió que escribiera al general una carta mordaz. Stanton lo hizo y le enseñó a Lincoln la misiva, escrita con duras palabras. Este aplaudió su potente lenguaje.

—¿Qué vas a hacer con ella? —preguntó.

Stanton se sorprendió.

—Enviarla —dijo.

Lincoln meneó la cabeza. Sugirió que sería desaconsejable enviar la carta.

—No envíes esa carta —dijo—. Échala al fuego. Eso es lo que yo hago cuando escribo una carta enojado. Es una buena carta, te divertiste escribiéndola y ya te sientes mejor. Ahora quémala y escribe otra.[1]

¿Quién entre nosotros no se ha sentido como Stanton después de sufrir una lesión emocional? Queremos vomitar nuestros sentimientos, tal como los experimentamos, para deshacernos del veneno que tenemos dentro. Queremos atacar. Queremos que los demás sufran de la manera en que sufrimos nosotros. Y sin embargo, tal como dice Lincoln sabiamente, eso no es lo mejor. Lo único que se logra son más problemas a la larga. Es como una llama en la hierba seca, causa un gran incendio que tal vez no podamos contener fácilmente.

Las Escrituras están llenas de ejemplos de problemas que derivan de una lengua indómita. Gran parte de la historia del evangelio está enmarcada dentro del contexto de las relaciones, por lo que no debemos sorprendernos de la cantidad de consejo que la Biblia nos da sobre la manera en que nos hablamos unos a otros. Considere estas importantes advertencias sobre nuestra manera de hablar:

- "…Mientras haya entre ustedes celos y contiendas, ¿no serán inmaduros?…" (1 Co. 3:3 NVI).
- "Esfuércense por mantener la unidad del Espíritu mediante el vínculo de la paz" (Ef. 4:3 NVI).
- "Pero ahora abandonen también todo esto: enojo, ira, malicia, calumnia y lenguaje obsceno" (Col. 3:8 NVI).

Veamos unos cuantos ejemplos más de la lengua indómita.

El chisme

Sabemos que no debemos chismear sobre los demás, y sin embargo, parece como si tuviéramos una necesidad insaciable de hacerlo. Si uno se acerca a la máquina expendedora de café de cualquier oficina, es probable que escuche hablar de los problemas de otra persona.

Hace poco me descubrí hablando de otra persona de una manera deshonrosa. Una colega había actuado de forma no profesional para conmigo, y me sentí justificado al criticarla. Puesto que me sentía inseguro y un tanto atemorizado, cubrí mi dolor con sentimientos de justa indignación. Avivé el fuego de mi ira con palabras que degradaban su carácter. Mi auditorio fue otro colega, y por un momento, no pareció que mis acciones tuvieran nada de malo. Pero incluso mientras yo estaba chismeando, el Espíritu Santo me susurró que no iba a ganar nada con inflarme yo y humillarla a ella. Me sentí avergonzado de mis acciones.

Cuando degradamos a los demás

Cuando me siento herido o inseguro, soy presto a querer degradar al que me hirió. A pesar de que mi lado más maduro dice: *No lo hagas*, la parte inmadura y herida dice: *Atácalo. Dale donde más le duele.* En esos momentos, trato de reconocer mi dolor, pero al mismo tiempo reconsidero mi tentación de herir a los demás por venganza. Me recuerdo a mí mismo que lo que de verdad quiero no es disensión en las relaciones, sino paz.

Cuando usted hace que otras personas participen en una conversación, tal vez observe lo que yo he notado: parece como si tuviéramos una enorme necesidad de degradar a los demás. Es fácil criticar las motivaciones y conductas de otras personas. Todos parecemos muy prestos a juzgar las motivaciones de los amigos, los familiares, los cónyuges, los compañeros de trabajo y los extraños sin darles una plena oportunidad. Pero si de verdad entendemos a los demás, tendremos poca necesidad de degradarlos porque nos daremos cuenta de por qué hacen lo que hacen.

El apóstol Santiago tiene más palabras valiosas para nosotros, esta vez sobre los pleitos. Nos recuerda que nuestros ataques a los demás a menudo no tienen una causa legítima.

Santiago pregunta: "¿De dónde vienen las guerras y los pleitos entre vosotros? ¿No es de vuestras pasiones, las cuales combaten en vuestros miembros? Codiciáis, y no tenéis; matáis y ardéis de envidia, y no podéis alcanzar; combatís y lucháis..." (Stg. 4:1).

¡Ay, ay, ay!

Las palabras de Santiago nos pegan duro. Él dice que los pleitos no vienen de afuera —no son el resultado de que otras personas nos hagan algo malo—, sino de adentro, como resultado de nuestros propios deseos conflictivos.

Quiero protestar duramente por sus palabras. "Pero, Santiago —me gustaría decir—, es que no conoces a esta colega de la que me estaba quejando antes. ¿Cómo puedes decir que el pleito viene de mis motivaciones, de mi deseo de tener algo que no tengo? No sabes lo que ella me dijo. Eres injusto".

Como si fuera por una ley de la naturaleza humana, nos sentimos obligados a retorcer la verdad para vernos mejor. También queremos manipular las cosas para tener la mayor probabilidad de conseguir lo que queremos.

La jactancia

Las Escrituras nos advierten sobre la jactancia. El apóstol Pablo dice: "Digo, pues, por la gracia que me es dada, a cada cual que está entre vosotros, que no tenga más alto concepto de sí que el que debe tener, sino que piense de sí con cordura, conforme a la medida de fe que Dios repartió a cada uno" (Ro. 12:3).

Mientras escuchaba a Cecilia y Damián me asombré de la pomposidad que llenaba la habitación. Casi se podía ver el aire extraño que los rodeaba. Subían las narices, ladeaban la cabeza, los gestos faciales aumentaban su importancia.

Por supuesto, estoy siendo sarcástico. Estoy regañando a Cecilia y a Damián, y a mí mismo, por lo seriamente que nos tomamos a nosotros mismos. ¡Qué fácil es cambiar a esa mentalidad arrogante! Casi se podían escuchar los pensamientos de Cecilia y Damián:

- *Sé exactamente lo que está sucediendo.*
- *Sé cómo resolver el problema.*
- *Yo estoy en lo cierto, y tú estás equivocado.*
- *No he hecho nada que merezca crítica.*

Tal como dije en un capítulo anterior ("Deje de querer ocupar el lugar de Dios"), esa clase de actitud inevitablemente crea división. Fomenta una mentalidad: "Yo contra ti". Esa mentalidad no ayuda a resolver los problemas. Simplemente prepara el escenario para que la lengua indómita haga su trabajo.

Información falsa

La información falsa es muy común. No se trata tanto de mentiras flagrantes, sino más bien de matizar las cosas para que aparezcamos bajo una luz más favorable.

Durante una de nuestras elecciones nacionales, escuché un programa radial. Me intrigaba la forma en que tanto los anfitriones liberales como los conservadores daban un enfoque negativo a todo lo que se relacionaba con sus oponentes. Los que respaldaban al senador Kerry acusaban al presidente Bush de ir a Iraq solo para lograr sus propios propósitos, sacando el máximo provecho a la guerra para ayudarse a ganar la reelección. Los que respaldaban al presidente Bush acusaban al senador Kerry de ser un traidor y de no estar capacitado ni ser digno de dirigir nuestro país en tiempo de guerra. Ambas posturas eran exageradas y manipuladoras.

Eso es similar al concepto de *polarización* del que hablé antes en este libro. Cuando estamos enojados con nuestros cónyuges, nos sentimos tentados a tomar lo que ellos dicen y darle la vuelta para obtener ventaja. Nos parecemos al candidato o portavoz político que está tratando de desacreditar al otro bando.

Nos vemos tentados a darles un giro a los problemas del matrimonio, tal vez haciendo hincapié en lo que hace nuestro cónyuge sin reconocer nuestras propias debilidades. O tal vez no proporcionamos el contexto en el cual nuestros cónyuges hacen algo, y logramos que sus acciones se vean peor de lo que son.

Exageración

La exageración es como la información falsa. Aquí los culpables toman un trocito de la verdad y lo exageran para beneficio propio.

Veamos cómo Cecilia y Damián usaron esa técnica. Si uno escucha hablar a Cecilia, pensaría que Damián no hacía nada en la casa para ayudar a la familia. Si uno escucha a Damián, pensaría que Cecilia vivía una vida de placer. Claro, ambos puntos de vista eran exageraciones de la verdad.

Lo que hace que la exageración sea incluso más mortal en un matrimonio es el efecto que tiene en la otra persona. Cuando alguien exagera una mala acción, la otra persona por lo general se pone a la defensiva. Se pierde la confianza, y el puente de la relación sufre daños. Ese puente debe repararse antes de que la intimidad pueda restaurarse.

Quejas

Los que se quejan suelen creer que son los que están siendo tratados injustamente, que todas las cartas están en su contra. En esta versión de la lengua indómita, vemos al querellante desempeñando el papel de víctima.

Hace poco, un hombre airado de cuarenta años de edad vino a verme. Se quejaba de infelicidad en su vida de casado y se preguntaba si debía continuar con lo que parecía una situación irremediable, o si debía terminar su matrimonio. Decía que su esposa, con quien había estado casado veinte años, había dejado de mostrarle cariño. Se quejaba amargamente de su falta de cariño en la habitación. Según él, ella trabajaba mucho en su empleo, se ocupaba de sus tres hijos y administraba el hogar eficazmente, pero no ofrecía señales externas de cariño a menos que él se quejara mucho al respecto. Y entonces participaba con renuencia.

Cuando le pregunté sobre su participación en todo aquello, se desconcertó. Negó hacer nada que pudiera hacer que ella quisiera alejarse de él. De hecho, dijo que prácticamente él era el esposo modelo. Llegaba a la casa poco después de trabajar, ofrecía ayuda con la cocina y la limpieza, y ayudaba con los niños. No tenía ni idea de cómo podía estar contribuyendo al problema.

Aunque nuestro amigo puede que sea de verdad la víctima de circunstancias desafortunadas, mi experiencia me dice que falta una pieza importante del rompecabezas. Sospecho que su esposa tiene otra versión de la historia y que nuestro amigo no ayuda tanto ni exhorta tanto como dice. Lo animé a que volviera a su esposa para averiguar cómo era vivir con él y qué podía él hacer para aumentar el nivel de cariño en su relación. Si es sincero en sus esfuerzos, espero resultados positivos.

Las mentiras

Tal vez no haya nada tan destructivo para un matrimonio como la falta de honestidad. Las mentiras pueden producir huecos enormes en una relación. Esos huecos son sumamente difíciles de sanar.

Podemos ser deshonestos respecto a cosas triviales, como la cantidad de dinero que gastamos en nuestra última compra, o respecto a cosas mayores, como dónde pasamos la noche cuando no regresamos a la casa. Todo tipo de deshonestidad aumenta las asperezas en un matrimonio.

Es difícil restaurar la confianza que ha sido traicionada. Cuando ha habido grandes ejemplos de deshonestidad, como la infidelidad en el matrimonio, por lo general se necesita ayuda profesional para sanar esas heridas.

¿Por qué es la falta de honestidad un problema tan grande? Porque erosiona el fundamento de la seguridad que debemos tener si hemos de arriesgarnos a acercarnos a alguien. Si no podemos confiar en nuestra pareja, es improbable que nos arriesguemos a ser vulnerables en nuestro más profundo ser. Un matrimonio saludable exige confianza y seguridad para prosperar.

Cómo domar la lengua

Se puede usar la lengua para maldecir y bendecir, y afortunadamente, se puede domar la lengua y usarla para bendecir a la pareja. La decisión es suya.

¿Qué sucedería en su matrimonio si usted decidiera dejar de lado la ira, las quejas, la crítica y la manipulación? ¿Y si decidiera que Efesios 4:29 va a ser su meta? "Ninguna palabra corrompida [indómita] salga de vuestra boca, sino la que sea buena para la necesaria edificación, a fin de dar gracia a los oyentes".

¡Vaya! Ninguna palabra corrompida. Solo conversaciones que edifiquen a los demás. Palabras que satisfarán sus necesidades en ese momento.

Para que la conversación sea beneficiosa, usted tiene que saber cuáles son las necesidades de su cónyuge. Puede comenzar orando por fortaleza para dejar de lado su dolor y permitir que Dios les "...dé, conforme a las riquezas de su gloria, el ser fortalecidos con poder en el hombre interior por su Espíritu" (Ef. 3:16). Si hemos hecho lo que nos correspondía hacer, hemos pasado tiempo escuchando realmente a nuestros cónyuges para ser conscientes de lo que necesitan:

- una palabra de aliento,
- una palabra de reto,
- una palabra de solidaridad,
- una palabra de empatía,
- una palabra de solicitud.

Ofrecer una palabra conforme a la necesidad de su cónyuge crea verdadera intimidad. Este tipo de comunicación le sorprenderá con sus increíbles beneficios.

Antídoto para el desdén

Tal vez se pregunte: *¿Y si nuestro matrimonio está demasiado lleno de desdén e ira como para hacer eso?* John Gottman ha escrito mucho sobre los temas relacionados con la lengua indómita. En su libro titulado *The Seven Principles for Making Marriage Work* [Siete principios para que un matrimonio funcione], habla sobre la ira, la cual considera que destruye los matrimonios, y ofrece la cura potencial.

Gottman cree que si su relación se ha estropeado por la falta de cariño y admiración mutuos, tiene problemas. El desdén, que es pariente cercano de la lengua mordaz e indómita, es una señal de que el cariño y la admiración se han disipado. Sin embargo, Gottman nos recuerda que la esperanza todavía vive. Sugiere el siguiente antídoto: "Con el solo hecho de recordar las cualidades positivas de su cónyuge, incluso mientras lucha con las faltas de la otra persona, puede impedir que un matrimonio feliz se deteriore. La sencilla razón es que el cariño y la admiración son antídotos del desdén".[2]

A través de consejería, Cecilia y Damián fueron conscientes del daño que sus airadas palabras podían causar. A pesar de que se necesitó tiempo para disipar su ira, aprendieron el arte de la "contención del conflicto": dejar de lado sus palabras airadas a la vez que afirmaban los puntos fuertes y los atributos que originalmente los habían atraído el uno al otro. Al poco tiempo, descubrieron que el estado de ánimo en su matrimonio comenzaba a cambiar, algo que he visto suceder muchas veces.

Una vez que su ira se hubo disipado y acordaron que las palabras volátiles no tenían cabida en su matrimonio, sus estados de ánimo se relajaron. Ahora estaban preparados para comenzar a tratarse con amabilidad y respeto. Descubrieron que todavía se amaban y comenzaron a planificar una serie de salidas especiales para celebrar su nueva relación. Hicieron votos de no hablarse nunca más de una manera despectiva. Cecilia y Damián demostraron que cuando las parejas "siembran semillas y desentierran la mala hierba", pueden esperar una rica cosecha en su relación.

Cómo partir de cero

Cuando los escombros emocionales han abarrotado su matrimonio y sus lenguas indómitas han librado una batalla, tal vez necesiten partir de cero. Partir de cero puede empezar con lo que yo llamo "nuevos comienzos". Si en medio de una terrible pelea soy plenamente consciente de cómo soy en realidad, digo: "Esto no va por buen camino. ¿Qué te parece si comenzamos de nuevo?".

Con un poco de práctica, su pareja también puede aprender a percibir la inminente destrucción verbal y pedir, de manera voluntaria, un alto en el conflicto. Así usted podrá comenzar la conversación otra vez desde una perspectiva mejor.

Tal vez se encuentre en un matrimonio en el que los sentimientos se hayan herido y las palabras hirientes fluyan con demasiada regularidad. Tal vez necesiten "partir de cero" de verdad. Esto significa sentarse con su pareja y acordar olvidar el pasado, dejar de guardar rencores y comenzar de nuevo.

Sí, tenemos derecho a aferrarnos a nuestro rencor. Pero sabemos que eso no nos llevará a ninguna parte.

Los doctores Les y Leslie Parrott, en su libro titulado *Cuando pasan cosas malas en matrimonios buenos*, nos recuerdan lo que ya sabemos, pero necesitamos escuchar de nuevo: "No perdonar o no recibir el perdón probablemente son la causa de que casi todos los matrimonios no perduren… la rabia contra nuestra pareja nos hace más daño a nosotros que a ellos".[3]

Por difícil que sea perdonar, debemos hacerlo si queremos un matrimonio sano. Si no lidiamos con el resentimiento que llevamos dentro, probablemente echemos fuera el veneno verbal en cualquier momento.

Bienaventurados los pobres en espíritu

Dominar nuestras palabras incluye morderse la lengua en momentos críticos y permitir que Dios practique cirugía en el corazón también. De hecho, Jesús habla tanto de la condición del corazón como de nuestras acciones. Ambas necesitan nuestra atención, pero el verdadero cambio exterior exige un cambio de corazón.

Si queremos experimentar un cambio significativo en nuestro corazón, el mejor lugar donde acudir para recibir instrucción es el Sermón del Monte. El discurso más largo de Jesús está lleno de consejos valiosos sobre este tema.

Consideremos la primera bienaventuranza en nuestra búsqueda de domar la lengua. ¿Qué sucedería con nuestra manera de hablar en el matrimonio si tratáramos de ser, de corazón, pobres en espíritu? Tal como dice la primera bienaventuranza: "Bienaventurados los pobres en espíritu, porque de ellos es el reino de los cielos" (Mt. 5:3). ¿Qué quiere decir Jesús cuando nos llama a ser "pobres en espíritu"? Emmett Fox, en su libro clásico *El Sermón del Monte*, dice:

> Ser pobre en espíritu significa haberse despojado de todo deseo de ejercer la propia voluntad personal y, lo que es igual de importante, haber renunciado a todas las opiniones preconcebidas, en una búsqueda sincera de Dios. Quiere decir estar dispuestos a dejar de lado los hábitos actuales de pensamiento, la manera de vivir si es necesario; deshacerse, de hecho, de todo lo

que pueda interponerse en el camino para encontrar
a Dios.[4]

La tercera bienaventuranza también es sumamente útil en nuestra
búsqueda de una lengua dócil. "Bienaventurados los mansos, porque
ellos recibirán la tierra por heredad" (Mt. 5:5). Este pasaje habla de
nuestra sed de poder, uno de los culpables más propensos a blandir la
venganza de la lengua indómita. El deseo de hacer las cosas a nuestra
manera, de comunicar lo que queremos decir, de que sucedan algunas cosas tal como lo deseamos, es la causa fundamental de la lengua
mordaz e indómita. Los que procuran la mansedumbre descubren la
diferencia entre expresar sus opiniones, en los momentos adecuados
y por los motivos correctos, y expresar su voluntad por el solo hecho
de ejercer poder personal.

Tal vez la bienaventuranza que ofrezca la mayor cura para la lengua indómita sea la que ofrece lo contrario de la rabia: la paz. "Bienaventurados los pacificadores, porque ellos serán llamados hijos de
Dios" (Mt. 5:9). De conformidad con el mensaje del evangelio y con
muchos de los escritos del apóstol Pablo, la paz es claramente una de
las características del cristianismo. Es, además, uno de los más maravillosos frutos del Espíritu. Sin embargo, la paz no puede coexistir
con la lengua indómita.

Cuando escuche a los demás en su andar por el mundo, le reto
a que preste atención a la manera de hablar de las personas, tanto a
sus palabras como a su tono de voz. Sospecho que descubrirá, como
he descubierto yo, que gran parte del habla sirve solamente para
producir conflicto y caos. En el matrimonio, el habla es responsable
muchas veces de crear distancia y sentimientos de rencor. Muy pocas
veces escucho palabras suaves, amables, alentadoras. Y sin embargo,
eso es precisamente lo que el Sermón del Monte nos pide.

Allí están. Las verdades de oro que nos liberan del yugo de la
voluntad propia, la adulación propia, la grandeza propia. Si por el
poder del Espíritu Santo podemos liberarnos del dominio del ego
todopoderoso, tal vez podamos realmente domar la lengua. Tal vez
entonces, con un espíritu más dócil, podamos aprender que dar es

mejor que recibir y que amar a los demás es mucho más gratificante que hacer las cosas a nuestra manera.

Por supuesto, Jesús es nuestro ejemplo preeminente de abnegación. En uno de los pasajes más increíbles de las Escrituras, aprendemos cómo Jesús se preparó para despojarse de sí mismo. Leemos en la carta a los Filipenses que "...se despojó a sí mismo, tomando forma de siervo, hecho semejante a los hombres... haciéndose obediente hasta la muerte, y muerte de cruz" (Fil. 2:7-8).

Recuerdo que cuando era niño aprendí una canción que todavía me hace llorar. Esa canción dice, básicamente, que Jesús fue libremente a la cruz —golpeado, azotado y humillado— cuando pudo haber llamado a diez mil ángeles para que lo liberaran. Pudo haber batido los brazos y, en un instante, llamado a cien mil soldados que ataran a sus captores y terminaran su triunfo. Pudo haberlos escupido y haberse reído de sus vergonzosas acciones.

Pero no fue así.

Él no hizo tal cosa.

Tal vez, por ser quien era, no podía hacerlo. No tenía en su corazón actuar de la manera en que nosotros actuamos muchas veces.

De alguna forma, debemos entender que la pobreza de espíritu es la manera de Jesús. Es el único método verdadero de domar la lengua. No nos equivoquemos: esto no es opcional si usted desea tener un matrimonio sano o una relación sana de cualquier tipo.

Si practica los principios que planteamos en este capítulo, incluido el procurar un espíritu de humildad, cosechará grandes recompensas en su matrimonio. ¡Y también heredará el reino de los cielos!

Capítulo 9

Deje de ser distante:

Atrévase a acercarse

La verdadera sabiduría es un corazón amoroso.
Charles Dickens

Viajar en la ciudad metropolitana de Seattle es un reto increíble. En un viaje que hice no hace mucho, quise evitar el taponamiento del tránsito saliendo un poquito más temprano. Pero no fue así. No se puede uno escapar de la multitud.

Mientras maniobraba con dificultad por las interminables filas de autos, practicando la respiración profunda para mantener la calma, reflexioné en la congestión. Había muchos carriles llenos de autos; las personas por lo general iban solas, trasladándose como alces frenéticos que van desde un área pastosa a la otra.

Me imaginé las horas que pasan aquellos ciudadanos desplazándose de un sitio a otro todos los años, prácticamente tocándose unos a otros sin intercambiar palabra. Me imaginé a algunos sentados en silencio, mientras otros escuchan música a todo volumen.

Puesto que me sentía ansioso de tener una oportunidad de acelerar mi paso de tortuga, miré con envidia al carril por donde van los autos que transportan varias personas a la vez, el cual solo tenía unos cuantos vehículos. No había autobuses a la vista. Me preguntaba por qué las personas estaban tan decididas a ir solas en vez de ir acompañadas. Me preguntaba por qué más personas no usaban el transporte público. Personas ocupadas, que comparten la misma experiencia, estaban a kilómetros de distancia.

Si miraba a cualquiera de los dos lados de la autopista, veía hileras de casas apiñadas. Algunas evidentemente habían sido construidas mucho tiempo atrás. Otras parecían haber surgido después de la última vez que pasé por ahí.

No soy fanático de las urbanizaciones. La primera vez que viví en una de ellas, me imaginé que sería una manera perfecta de crear un sentido de comunidad, a la vez que mantenía la individualidad. Pero ese no fue el caso para nada. De hecho, en un complejo urbano donde vivió mi familia, no sabíamos los nombres de los vecinos que nos quedaban a ambos lados. Los saludaba todos los días del año y nunca dediqué tiempo para conocerlos. Las buenas intenciones no lograron nada. Incluso viviendo en tal proximidad, estábamos prácticamente aislados unos de otros.

Las autopistas y los complejos urbanos ilustran cómo luchamos con el apego y la intimidad. Las personas en nuestra sociedad tienen un sentido cada vez mayor de la distancia que hay entre nosotros. Sabemos que estamos al borde de un grave problema de aislamiento y soledad. Nos estamos volviendo cada vez más conscientes de que vamos por la vida a un ritmo suicida, y que solo hacemos una pausa de vez en cuando para pasar por el café del barrio a tomar la dosis diaria de cafeína y comunidad.

Mientras me aferraba al volante de mi auto, manejando solo en medio de la presión de los demás autos, recordé que este problema social es también un profundo problema personal para muchas personas.

Y recordé una conversación telefónica reciente que tuve con una mujer llamada Hilda.

La distancia

En una transmisión radial bastante típica, me encontraba promoviendo mi libro más reciente titulado *Does Your Man Have the Blues?* [¿Está deprimido su hombre?]. Estaba hablando desde mi casa con el anfitrión del programa radial en Kansas City sobre cómo los hombres deprimidos se aíslan como resultado de su estado de ánimo. A pesar de que el enfoque estaba en los hombres, también hablamos de cómo la depresión masculina afecta a las esposas.

Hilda fue valiente. Se atrevió a llamar y a hablar de su dolor. En unos cuantos minutos, aprendimos mucho sobre ella. Tal vez en el anonimato de la radio, se sentía libre de permitirnos ver un vislumbre de su vida.

—Mi esposo y yo vivimos vidas separadas —dijo—. Me siento perdida, aturdida. Cenamos frente al televisor porque no sabemos qué decirnos. Cuando la cena termina, él se mete en su cueva a trabajar. Yo miro otro programa de televisión. Lo escucho cuando se dirige a la cama sin decir buenas noches. Me da miedo irme a la cama con él porque tal vez desee intimidad, y no puedo pensar en eso ahora mismo en nuestra relación. Todavía vamos a la iglesia juntos, pero no tengo ni idea de lo que piensa acerca de Dios. Tampoco compartimos nada espiritual. No me siento cerca de él para nada, ni física ni emocionalmente.

—¿Cuánto tiempo hace que las cosas están así, Hilda? —pregunté yo.

—Años. No peleamos. No compartimos nada emocional. En realidad no hablamos, al menos no profundamente, y tengo mucha necesidad de eso.

—¿Le ha dicho usted que desea que las cosas mejoren?

—Sí. Pero cuando le digo que tenemos que hacer cambios, simplemente dice: "No sé qué hacer". El problema es que yo tampoco sé qué hacer.

—Usted parece estar muy sola, Hilda.

—Me muero de soledad. Es increíble que podamos pasar tanto tiempo juntos y aun así ser como extraños. Me pregunto qué nos está pasando.

Se produjo un breve silencio. Sentí tristeza por Hilda. Escuchaba y sentía su dolor. Me pregunté cuántos otros radioyentes eran extraños para sus propios cónyuges. ¿Cuántas parejas vivían vidas vacías y solitarias, como la de Hilda? ¿Cuántas se sentían impotentes para hacer cambios que pudieran vigorizar su matrimonio?

—Hilda, le tengo buenas y malas noticias. Primero le doy las malas. Usted habla igual que muchas otras personas a quienes aconsejo, que han olvidado lo importante que es nutrir sus matrimonios. Poco a poco, han dejado que las cosas se deterioren pensando que la relación simplemente sobrevivirá por sí sola. Sin embargo, muchas veces se dan cuenta de que no es así.

Dejé que asimilara bien las palabras. Visualicé una mujer que agarraba con fuerza el receptor de su teléfono, aterrada de expresar su terrible verdad —y nuestro último error grave—: *ser distantes en el matrimonio.*

—Ahora, ¿está lista para las buenas noticias? —dije con alegría.

—Por supuesto —dijo ella llorando—. Necesitamos ayuda.

—Así es, Hilda. Y la ayuda está disponible. Sospecho que su esposo se está sintiendo tan solo y aterrado como usted. Igual que usted, él no sabe qué hacer para volver a poner una chispa en el matrimonio. Pero estoy seguro de que seguirá su guía si usted le da algunas ideas. Las buenas nuevas son que los matrimonios se pueden vigorizar. Puede darle nueva vida a una relación rancia. Definitivamente hay esperanza en su situación. Pero antes, necesito saber si aceptará ir a consejería para explorar ideas y traer de nuevo el gozo.

—Sí —me dijo.

—Le vamos a dar unos números de teléfono a los que puede llamar para recibir ayuda. Mantenga la esperanza, Hilda. No desista.

Ni siquiera después de contestar otras llamadas, pude dejar de pensar en Hilda y su esposo. No podía deshacerme de mi propia tristeza por ella. Me había tocado una fibra, y durante días reflexioné en nuestra conversación.

Al igual que Hilda, he permitido que la distancia se cuele en muchas relaciones importantes. Como resultado de ello, he tenido que reconocer verdades dolorosas y tomar medidas. He descubierto que el primer paso es afrontar la verdad sobre una relación distante. Aparto tiempo para considerar lo que significa la relación para mí y exactamente qué es lo que me estoy perdiendo. Considero cómo he dejado que la cercanía se desvanezca y determino un plan para revigorizar la relación. A veces, comenzar el proceso solo requiere unos cuantos pasos sencillos, como tomar la iniciativa para almorzar juntos.

La anatomía del desapego

Hilda contó su historia como cientos de otras personas a las que he escuchado en el transcurso de los años en mi práctica profesional.

Igual que Hilda y su esposo, muchas parejas van por la vida aturdi-
das. Van al trabajo, crían a sus hijos, organizan los equipos de fútbol
de los niños, cantan en el coro de la iglesia, vienen a casa y miran la
televisión un rato, se alejan y se divorcian.

Lloramos por las parejas que no llegan al final. También los rega-
ñamos por no tener más poder de persistencia. Puede que los criti-
quemos, pero también somos hipócritas, pues sabemos en secreto
que nuestros propios matrimonios muchas veces no están mejor.

Claro que las parejas no deberían alejarse. Pero se alejan, y nosotros también nos alejamos a veces. Y sucede por razones comprensibles y prevenibles. Y ese es el foco de nuestro último error grave:
poner distancia entre la pareja.

Veamos más de cerca la vida de Hilda y lo que está sucediendo en
muchos matrimonios. Consideremos lo que ella contó en aquellos
pocos minutos en el teléfono; palabras que, por desdicha, también
se escuchan en miles de hogares hoy. Examinemos la anatomía de
la pareja que está separada emocionalmente. ¿Cómo llegaron ahí?
¿Qué sucede para que las cosas empeoren?

En primer lugar, *las relaciones siempre se deterioran de manera
paulatina.* Aunque algunos pueden no estar de acuerdo con esta
afirmación, creo que es verdad. Igual que otros objetos que tienen
que obedecer la ley de la entropía, las relaciones comienzan a decaer
casi tan pronto como termina la luna de miel. Cuando las campanas
nupciales dejan de doblar y el papel en que envolvieron los regalos se
tira a la basura, el diario vivir puede absorbernos fácilmente. Hilda
reveló que su matrimonio había perdido la chispa poco a poco. Ella
y su esposo dejaron de prestar atención y de hacerse el propósito de
mantener la relación viva.

En segundo lugar, *tenemos una necesidad constante de relacionar-
nos.* Póngase a pensar. Hilda estaba sola, como muchas otras personas. Deseaba un contacto *verdadero.* Quería que alguien la escuchara,
la apreciara y la comprendiera. Esas no son peticiones exigentes. De
hecho, si las personas no pueden encontrar esos ingredientes en su
matrimonio, los buscan en otra parte. Pero si los cónyuges se dan
cuenta de que su misión es satisfacer esas necesidades, no tienen
que buscar más.

En tercer lugar, *tenemos necesidad de amistad*. Piense en lo que usted busca en un amigo. La mayoría de nosotros desea a alguien que se ría con nosotros, que nos cuente historias, que escuche nuestras debilidades y nos ayude a ver la vida de una nueva manera. Aunque la amistad puede ser un reto, *puede* formar parte de nuestro matrimonio. Tristemente, Hilda había perdido esa amistad con su esposo. Pero con esfuerzo, dedicación y concentración, las parejas pueden convertirse en compañeros. Pueden recordar lo que disfrutaban antes y empezar a hacer esas cosas otra vez. Todos podemos crear una lista nueva de cosas divertidas para hacer con nuestros cónyuges.

Una pareja que conozco tiene una jarra de "salidas sorpresas". Ambos ponen en la jarra papelitos en los que escriben ideas de salidas interesantes. Todos los fines de semana se turnan, y cada uno saca un papelito de la jarra para hacer algo divertido juntos. A veces las salidas son actividades "probadas" que han disfrutado en el pasado. A veces son experiencias que siempre quisieron hacer, pero que nunca encontraron tiempo para hacer. Durante el mes pasado, hicieron un recorrido por el buque de guerra del puerto de Bremerton, fueron al zoológico de Seattle y pasaron el día juntos almorzando y mirando revistas y libros en una librería local.

En cuarto lugar, *los amigos son personas interesantes con quienes estar*. Hilda dijo que pasar tiempo con su esposo se había vuelto aburrido, tal vez porque ambos habían perdido interés en el otro de tal manera que preferían estar separados. Los matrimonios vibrantes están hechos de compañeros que reconocen la importancia de ser vitales y enérgicos. Se cuidan con rigor del aburrimiento en su matrimonio.

Por último, *tenemos necesidad de intimidad*. Creo que la intimidad es *vernos por dentro*. Pero lograr este nivel de cercanía no es tan fácil como suena. Se necesitan todos los ingredientes mencionados antes y más. Se necesita dedicación para ser transparentes con la pareja. Se necesita atención intensa para crear seguridad en la relación de manera que ambos estén dispuestos a ser abiertos mutuamente. Cuando eso sucede, el gozo y la intimidad le seguirán.

Deseo de intimidad

Si he aprendido algo en más de veintiocho años que tengo de trabajar con personas, es lo siguiente: todos tenemos una profunda necesidad de formar parte de algo, de ser amados y de ser comprendidos. Es así de sencillo y así de profundo. Uno puede encontrar un millón de formas de decirlo, cantarlo o escribirlo, pero el mensaje es el mismo: tenemos un deseo innato de intimidad. Toda interrupción de una relación conyugal tiene como origen algún trastorno en la intimidad saludable.

Pero ¿qué es exactamente la intimidad? Escuchamos esa palabra con tanta frecuencia que su significado se ha vuelto confuso. Janet Woititz, autora del libro titulado *Struggle for Intimacy* [La lucha por la intimidad], ofrece varias formas de pensar en ello. Sugiere que la intimidad puede crecer cuando estas cosas son ciertas:

- Yo puedo ser yo.
- Tú puedes ser tú.
- Nosotros podemos ser nosotros.
- Yo puedo crecer.
- Tú puedes crecer.
- Nosotros podemos crecer juntos.

Y agrega esta definición de intimidad: "Intimidad significa que tienes una relación amorosa con otra persona en la que ofreces, y te ofrecen, validación, comprensión y el ser valorado intelectual, emocional y físicamente".[1]

Cuando considero su definición, estoy de acuerdo porque tiene sentido. Deseo estar en relaciones en las que pueda ser verdaderamente auténtico. Sin embargo, esto es más difícil de lo que parece. Deseo poder tener opiniones que puedan ser diferentes de las de otro y quiero sentirme libre de expresarlas sin vergüenza. Deseo estar en relaciones en las que valore a los demás y les dé la libertad de discrepar conmigo, tal vez incluso hasta el punto de fomentar nuestras diferencias. Y quiero que seamos capaces de crecer juntos.

Cuando estoy en una relación en la que faltan esos componentes vitales, me retiro. Tal vez no me retire físicamente. Puede parecer que todavía participo. Pero creo una membrana protectora a mi alrededor para que no se me pueda ver completamente. Si no me siento seguro al compartir mis sentimientos y creencias, no permanezco en la relación.

Carne de mi carne

¿Por qué cree usted que nos duele tanto cuando una relación íntima se termina, aunque sea por un tiempo? ¿Por qué nos sentimos como si estuviéramos, literalmente, desintegrándonos, como si se nos desgarrara la carne, cuando un matrimonio se rompe? ¿Por qué no podemos simplemente sacudirnos el polvo de los pies y avanzar hacia pastos más verdes? Creo que la respuesta a esas preguntas está en la historia de la creación de Génesis, en el corazón del mismo Dios.

Nuestro deseo innato de intimidad viene, por supuesto, de nuestro Creador. No es por casualidad que tenemos el deseo —algunos podrían llamarlo necesidad— de acercarnos unos a otros y a Dios. Hemos sido creados para las relaciones. Jesús fue un ejemplo para nosotros cuando el Verbo se hizo carne. Nos enseñó el evangelio en el contexto de las relaciones. La intimidad con nuestra pareja formaba parte del diseño de Dios.

Tenemos que recordar que la mujer no fue formada de nuevos elementos. No fue tomada del polvo ni tampoco estaba separada del hombre. Fue tomada de Adán, de una parte de él, para ser su esposa. Las primeras palabras de Adán fueron: "…Esto es ahora hueso de mis huesos y carne de mi carne; ésta será llamada Varona, porque del varón fue tomada" (Gn. 2:23). En su libro titulado *Diseñada para la intimidad*, Jane Hansen hace la siguiente observación:

> Evidentemente, Adán reconoció algo de él en ella. Ella era hueso de sus huesos y carne de su carne. Él le dio la bienvenida y la recibió, reclamándola como parte de sí mismo… Había una conciencia de que Dios los había creado el uno para el otro, que había diseñado específicamente esa unión y que habría una interdependencia entre ellos. Aunque eran dos seres separados con cualidades muy distintas, su destino era estar juntos.[2]

Después de crear al hombre y a la mujer, Dios aclara más sus intenciones. "Por tanto, dejará el hombre a su padre y a su madre, y se unirá a su mujer, y serán una sola carne" (Gn. 2:24). Hansen comparte otra reflexión acerca del poder de este pasaje:

> Esta directiva de Dios se encuentra cuatro veces en las Escrituras. La primera vez que se expresó fue aquí en Génesis 2, y Jesús lo repitió en Mateo 19 y en Marcos 10; Pablo lo repitió en Efesios 5. Cuando se menciona una palabra una vez en la Biblia, necesitamos tomar nota especial. Cuando se menciona cuatro veces, ¡es una alerta roja! Dios desea que prestemos mucha atención.[3]

No tenemos que avergonzarnos de nuestro deseo de acercarnos. No tenemos que disculparnos por querer tener a alguien con quién reír, compartir nuestro día y hacer planes divertidos y emocionantes. El Creador mismo nos diseñó para estar en un matrimonio íntimo y gozoso.

Temor de intimidad

A pesar de nuestro anhelo de acercarnos a otras personas, y a pesar de la necesidad dada por Dios de esa cercanía, muchas veces creamos numerosas barreras para impedir que suceda. Como mínimo, nos controlamos a nosotros mismos para que la intimidad no se desarrolle con más intensidad de la que queremos. Como mucho, encontramos maneras de sabotearla con regularidad.

¿Por qué es la intimidad tan aterradora? Dentro de cada uno de nosotros, hay un deseo arraigado de ser perfectos. No nos deleitamos en compartir nuestras imperfecciones con los demás. Si te revelo quién soy, con todas mis faltas, conocerás mi verdadero yo. Pero ¡eso duele! Y puede ser aterrador. La mayoría de las relaciones son una serie de maniobras concebidas para acercarnos o alejarnos de los demás, dependiendo de nuestras necesidades en ese momento. Harriet Goldhor Lerner, en su libro titulado *The Dance of Intimacy*

[El baile de la intimidad], dice que alejarse y acercarse en una relación es natural.

> La mayoría de nosotros se apoya en alguna forma de distanciamiento como manera primordial de manejar la intensidad en las relaciones clave... El distanciamiento es una forma útil de manejar la intensidad cuando nos cambia de una situación de mucha reactividad y nos permite calmarnos lo suficiente como para reflexionar, planificar y generar nuevas opciones para nuestra conducta. Sin embargo, muchas veces nos apoyamos en la distancia y en un corte de la relación para salir de manera permanente (emocional o físicamente) de una relación significativa sin abordar de verdad los problemas.[4]

Lo que implica eso es que todos debemos decidir por nosotros mismos qué nivel de intimidad es el adecuado para nosotros y cuál es la mejor forma de alcanzarlo. Lo que para una persona es un nivel "cómodo" puede que para otra resulte intolerable. Mientras algunos pueden simplemente desear la intimidad, otros prefieren algo menos intenso.

Por ejemplo, la mayoría de nosotros tiene que decidir qué tan cerca quiere vivir de sus padres. Algunos optan por vivir a unos minutos de distancia y tal vez llamen todos los días para permanecer conectados íntimamente. Para otros, eso sería sofocante. Optan por vivir a horas de distancia y se comunican con ellos de vez en cuando para enterarse de las últimas noticias. Y hay quienes viven a tres zonas horarias de distancia y puede que solamente hablen con sus padres una o dos veces al año. Como puede ver, se trata de un asunto sumamente personal.

Las parejas casadas también necesitan una cantidad apropiada de distancia. La distancia puede ser algo bueno si la manejamos adecuadamente y si no está arraigada en el temor. Las parejas necesitan hablar sobre cómo tener cada uno sus momentos de soledad y respiro, solos, para poder juntarse de nuevo listos para la comunicación. Puede que también necesiten hablar de lo aterradora que es la intimidad para ellos.

Cómo vamos a actuar

Decidir cómo vamos a manejar la intimidad con nuestros padres es una cosa, y otra muy distinta es la intimidad con nuestro cónyuge. Es bastante evidente que necesitamos espacio de nuestros padres; pero en lo que respecta a nuestro cónyuge, muchas veces somos menos conscientes de nuestra necesidad de equilibrio entre la cercanía y el espacio. Después de haber dicho: "Acepto", luchamos para pasar al siguiente nivel, un nivel en el que nos sintamos cómodos con nuestra individualidad y nuestro compromiso con nuestra pareja.

Encontrar la forma de identificar nuestras necesidades de intimidad y luego satisfacerlas puede ser un enorme reto. Crear una relación en la cual podamos hablar de esos problemas es un comienzo importantísimo. Consideremos unos cuantos pasos prácticos más.

Corra el riesgo

El primer paso para acercarse a su pareja es simplemente tomar la decisión de hacerlo. Ese es un gran paso. Una vez que ha decidido que quiere ser más transparente, tomará decisiones que le revelen más de usted a su pareja.

Cosechar los beneficios de la intimidad significa que usted debe primero correr el riesgo de ser visto. Se arriesga a que su cónyuge lo avergüence, lo ridiculice o le entienda mal, aunque sinceramente espero que eso no suceda. En vez de eso, espero que hable con su cónyuge sobre cómo dar esos pasos hacia una mayor intimidad y que acepte honrar esa confianza sagrada: compartir sin sentir vergüenza.

Uno de los primeros pasos que tuvo que dar Hilda para lidiar con su matrimonio sin vida fue arriesgarse a ser honesta con su esposo. Tuvo que abordarlo y decirle que su matrimonio era aburrido. Tuvo que arriesgarse a sentirse tonta y tal vez incluso ridiculizada por su deseo de acercarse más a su esposo. Nada cambiaría hasta que hiciera eso.

Por tanto, al igual que Hilda, prepárese para correr el riesgo de acercarse a su cónyuge otra vez. Prepárese para la vulnerabilidad que el riesgo exige.

Un nuevo enfoque

Muchas parejas se distraen en la rutina diaria de la vida. He conversado con muchas mujeres que prefieren pasar tiempo con sus hijos y participar en las actividades de los niños antes que enfrentar con honestidad las dificultades de su matrimonio. Trataron de hablar con sus esposos sobre esa necesidad de acercarse y, a la larga, se sintieron rechazadas al ver que el hombre no pudo entender las cosas. Por eso, volvieron su atención a sus hijos. Esto no es muy diferente de cuando los hombres se distraen con deportes o actividades al aire libre antes que enfrentar con honestidad sus frustraciones en casa.

Mejorar la intimidad exige concentración. Así como una lupa concentra la luz en un solo punto, la concentración lleva nuestras energías en una clara dirección. Tomamos el tiempo de planificar y evaluar, en actitud de oración, cómo podemos dar nuevas energías a nuestro matrimonio. Cerramos la "puerta de atrás", la ruta que nos distrae del dolor que sentimos por el vacío que hay en nuestro matrimonio. Debemos afrontar, una y otra vez si fuera necesario, los duros retos de la intimidad.

Tenemos que tener siempre un plan personal para llevar emoción y energía al matrimonio: las salidas divertidas, los almuerzos privados, las caminatas por la playa, las tardes en el teatro. Su lista (o jarra de salidas sorpresa) será diferente de la mía, pero es igual de importante.

Por lo tanto, entendamos bien el problema. Tiene que dejar de lado otros asuntos importantes para tener la esperanza de afinar su matrimonio. Examinemos algunas áreas clave que necesitan concentración.

Abandone los secretos

Los secretos envenenan las relaciones. Usted sabe a lo que me refiero: adicciones ocultas, aventuras adúlteras, gastos excesivos. A veces los secretos son pequeños, aparentemente inofensivos. Otras veces comienzan pequeños y crecen hasta convertirse en infecciones que contaminan el matrimonio. ¿Por qué los secretos son tan dañinos?

Por lo general, las personas guardan secretos porque son inherentemente destructivos. El alcohólico que ha prometido dejar de beber, ahora esconde la bebida y crea rabia y desconfianza en el matrimonio. La esposa no sabe qué creer. Él jura que la ha dejado e insiste en que la bebida que ella encontró en el sótano ni siquiera le pertenece, a pesar de lo absurdo de la afirmación. Esa es su marca y ha mentido antes al respecto. Ella está fuera de sí por miedo de pensar que él haya tenido una recaída, o incluso peor, que no busque ayuda para su alcoholismo.

Una vez se descubren, los secretos siembran las semillas de la desconfianza. Los secretos dicen a la pareja: "No confié en ti para decirte la verdad y por eso te oculté esta parte de mi vida". Sin un fundamento de confianza, las relaciones nunca pueden ser sanas ni satisfactorias.

Por tanto, incluso corriendo el riesgo de provocar enojo y dolor, sea honesto. Deshágase de los secretos. Dígale a su cónyuge aquellas cosas que usted sabe que tiene que poner sobre la mesa de su matrimonio.

Sea generoso en el amor

En algún momento, olvidamos cómo ser románticos. Olvidamos la importancia de avivar los fuegos del amor una vez que se termina la luna de miel. Hemos decidido que ser generosos en amor es frívolo, innecesario, una pérdida de tiempo.

Usted sabe que esa actitud es tanto falsa como dañina. Puede observar en su propio matrimonio la diferencia entre los momentos en que es romántico y generoso con su amor y aquellos en que está demasiado ocupado como para molestarse con esas cosas. Cuando es solícito y romántico, su cónyuge responde de la misma forma con cariño. Cuando es mezquino con su afecto, cuando está demasiado absorto en otras cosas como para derramar su amor en su cónyuge y familia, se despega, y su familia responde de la misma forma. Es así como su vida emocional puede comenzar a marchitarse y morir.

Ser generoso con su amor es sumamente importante. Demuestre que usted se ocupa, todos los días y de todas las maneras, en pensar cómo demostrárselo. ¿Qué le parece si prueba algunas de las siguientes ideas?

- Salude a su cónyuge con una sonrisa y un "buenos días" cuando se despierte.
- Diga "Te amo" todos los días.
- Ofrezca turnarse para hacer la cena.
- Tome la iniciativa en la planificación de una cita.
- Halague generosamente la apariencia de su cónyuge.

Cómo vivir enamorados

Hay muchas cosas que crean distancia en una relación. Un matrimonio pocas veces se vuelve aburrido por una sola razón. Pero una cosa es cierta: un matrimonio lleno de sorpresas agradables y sensuales, en el cual ninguno de los dos infravalora al otro, disfruta de cierto grado de inmunidad contra los estragos del aburrimiento y el desapego. Un acto mediante el cual se demuestra atención puede acabar con la distancia en un instante.

Póngase a pensar. ¿Cuándo fue la última vez que usted llegó a casa y estaba lista una cena a la luz de las velas, con flores frescas en la mesa y una musiquita de Frank Sinatra? ¿Cuándo fue la última vez que usted pensó en crear una noche o un fin de semana mágicos con su cónyuge? ¿Cuándo fue la última vez que pasaron una noche en una habitación de hotel con vistas a la playa?

Alexandra Stoddard, en su libro titulado *Living in Love* [Cómo vivir enamorados], nos cuenta de sus primeros días con Peter, su esposo. Puesto que ambos habían estado casados antes, habían esperado con cautela varios años antes de considerar casarse de nuevo. Pero se hicieron amigos, y la amistad con el tiempo se convirtió en amor.

Si conoce a Alexandra Stoddard, sabrá que tiene formación en diseño de interiores y que es escritora. Sabe que vive la vida plenamente y que se da por entero en sus relaciones. Alexandra cuenta con elocuencia los detalles de su constante aventura de amor con Peter.

Habla de que despiertan juntos y toman el desayuno en su patio soleado. Conversan libremente sobre las evidentes bendiciones de la naturaleza que rodean su casa, pero más importante aún, se demuestran cariño el uno al otro, abierta e imperturbablemente. Parece que se deleitan el uno en el otro.

> Antes de sentarse a seguir su desayuno, Peter se acerca al borde de la terraza, corta una cayena rosada y me la pone en el pelo. Le da otra mordida a su panecillo empapado en miel… Aquí en esta terraza, ante una taza de café, sueño despierta sobre nuestra vida de amor juntos. Pienso en todo aquello por lo que hemos pasado, con qué anhelo espero las sorpresas futuras. Pienso en el amor.[5]

Muchos rechazan los escritos de Stoddard y la llaman una romántica empedernida (con lo que tal vez ella esté de acuerdo). Sin embargo, a mí me atrae. Tengo muchos de sus libros e invariablemente sonrío cuando me la imagino a ella y a Peter compartiendo el desayuno, sus esperanzas e inquietudes para el día, y su dedicación mutua.

Alexandra y Peter dicen abiertamente que este es el segundo matrimonio de ella y el tercero para él. A pesar de que no comparten los detalles de sus matrimonios anteriores, parecen estar tomando precauciones adicionales para mantener vivita y coleando la intimidad en esta unión. Han visto y experimentado la dulzura del amor y han visto cómo se desvanece con el tiempo. ¿Le parece que están más decididos a mantener el amor renovado esta vez? ¿Será que ahora están dispuestos a estar alegremente enamorados? Están dispuestos a compartir su cariño con libertad y hacen de las sorpresas un elemento esencial en su relación. ¿Sería posible que nosotros habláramos de nuestro cónyuge como Alexandra describe a Peter?

> Él chasquea los dedos de la mano y hace música con los pies. Salta las olas y salpica el agua conmigo. Silba, llama a los pájaros, baila de gozo, sube las escaleras saltando y cantando. No necesita nada para ser feliz, está lleno de gratitud por vivir enamorado. ¡Qué bendición

tan trascendental y efervescente vivir enamorado con un espíritu tan vital![6]

Hace poco, en una conversación, una mujer me dijo que había empezado a prestar más atención a los atributos positivos de su esposo en vez de concentrarse en los negativos. Se sorprendió con los resultados de este simple ejercicio. Sonreía mientras recordaba algunas de las singularidades que todavía consideraba simpáticas. En lugar de concentrarse en los hábitos de él que la molestaban, cambió su enfoque y se alegró de descubrir que su cariño por él resurgía.

El poder de una disculpa

La contrición es una herramienta sumamente poderosa para mantener una relación sana. No entiendo por qué nos disculpamos tan pocas veces, aparte de las razones obvias: pedir disculpas y admitir las faltas hace vulnerable al ego todopoderoso.

Las disculpas son esenciales para mantener el amor fuerte. ¿Por qué? Porque siempre vamos a cometer errores que amenazan el vínculo de la intimidad. Eso forma parte de ser humanos. Nos herimos mutuamente en momentos de insensibilidad y enojo, y las disculpas son una manera de reparar las cercas. Decir a su cónyuge que se siente apenado por haberle hecho daño puede ser un sendero potente de vuelta a la confianza y la intimidad. Hay algo en la palabra *perdón* que desarma.

"Perdón" es un comienzo excelente, pero la mejor disculpa dice más. Para poder reparar de verdad una relación quebrantada, vamos más lejos:

- Admitimos remordimiento por nuestras acciones.
- Admitimos específicamente lo que hemos hecho mal.
- Admitimos el efecto que nuestras acciones causaron en nuestra pareja.
- Admitimos la responsabilidad de lo que hemos hecho mal.
- Admitimos que estamos dispuestos a remediar el daño, incluida una oferta de restitución.

Dejar de pedir disculpas es un error grave y potencialmente dañino, a pesar de las protestas del ego en sentido contrario. Cuando usted sabe que ha hecho daño a su cónyuge y aun así tiene demasiado orgullo como para pedir disculpas, pone distancia entre usted y su cónyuge. La herida de su pareja se ulcera por el deseo de una disculpa.

Ablande su corazón y pida perdón por las cosas que sabe ha hecho mal. No espere que su pareja se disculpe por sus acciones; tome la iniciativa y discúlpese por el daño que ha hecho, y luego observe los potentes efectos de esa disculpa.

Las disculpas que ofrecemos a nuestros cónyuges y a los demás también son ofrendas que podemos dar a Dios. Él quiere que nos acerquemos con un remordimiento sincero por nuestras acciones pecaminosas, y esa es una forma de renovar nuestra relación con Él.

Cómo perdonarse a usted y a los demás

Una vez que ha pedido disculpas, debe perdonarse a usted mismo. De hecho, hasta que pueda perdonarse, al menos en parte, estará demasiado centrado en sus necesidades como para centrarse eficazmente en su pareja. Perdonarse allana el camino para que de verdad sienta empatía por su pareja y se disculpe adecuadamente.

En mi trabajo de consejería, me doy cuenta de que perdonarnos es una tarea tan difícil como perdonar a los demás. Tendemos a hacer un mayor hincapié en perdonar a los demás —pues esos rencores son más obvios—, pero perdonarnos es un reto al menos igual de difícil.

En un taller al que asistí hace varios años, se nos pidió que cortáramos diferentes pedazos de revistas para crear un mosaico que representara la vida que queríamos en el futuro. Aquella parecía una asignación sencilla, y comencé a cortar fotos de veleros, agua, montañas y palabras como *reflexión, inspiración* e *imaginar,* las cuales son todas simbólicas de partes importantes de mi vida.

Nos ocupamos con nuestros proyectos, reunimos palabras y fotos adecuadas, a la vez que desechamos las piezas que sobraban. Al final del trabajo, mientras los demás participantes y yo nos sentamos a admirar nuestra obra, la líder hizo una pregunta asombrosa:

—¿Qué hicieron con el papel que les sobró?

—Pues, lo tiramos a la basura, claro —respondimos.

La líder nos miró de manera penetrante por un momento. Luego dijo bajito:

—A veces, las piezas adicionales de nuestra vida, las cosas que llamamos desperdicios o errores, en realidad son componentes importantes. Somos muy prestos a deshacernos de ellos, a considerarlos basura. Esas piezas pueden contribuir a crear la textura de lo que hace que nuestra vida sea interesante y singularmente nuestra.

Nunca he olvidado esa ilustración. Cuando me desanimo por todos los errores que he cometido en la vida y recorro con los demás los escombros de sus dificultades, me tranquilizo con las palabras de Pablo: "Y sabemos que a los que aman a Dios, todas las cosas [errores, metidas de pata, disparates y catástrofes ¡que queremos olvidar desesperadamente!] les ayudan a bien, esto es, a los que conforme a su propósito son llamados" (Ro. 8:28).

Brennan Manning, en su maravilloso libro titulado *El evangelio de los andrajosos*, nos habla a todos los que tenemos las aureolas torcidas. Nos recuerda que somos pródigos que desean el abrazo amoroso del padre cuando regresamos una y otra vez de nuestros caminos egocéntricos. En el contexto de nuestros mundos abatidos y heridos, Manning se centra en la instrucción de Jesús de amar "al más pequeño de estos". Manning se pregunta: *¿Acaso el más pequeño de estos, a veces, somos usted y yo?*

Pero cuando nosotros cometemos un error, ¿de verdad podemos hacernos responsables de él, repararlo y luego ofrecernos gracia? ¿Se tortura usted con preguntas que solo sirven para destrozar su autoestima? ¿Se obsesiona usted, como lo hago yo a veces, por esas ocasiones en que pudo haber sido un esposo más amoroso? ¿Se pregunta qué puede haber hecho como padre para que su hijo fuera más responsable? ¿Se cuestiona qué pudo haber hecho para que su cónyuge lo traicionara o dejara de prestarle atención?

Muchas veces necesitamos recordar las palabras de Jesús de amar a nuestro prójimo *como* a nosotros mismos, no *en vez de* amarnos a nosotros mismos.

Las Escrituras tienen mucho que decir sobre el tema de perdonar a los demás. Como siempre, Jesús tiene consejos directos y valiosos para nosotros.

Me refiero otra vez a las palabras del Señor respecto al perdón. En el Padrenuestro, no solo nos enseña a orar, sino que nos anima a pedir perdón así como hemos perdonado a los demás que han pecado contra nosotros. Y luego dice: "Porque si perdonáis a los hombres sus ofensas, os perdonará también a vosotros vuestro Padre celestial; mas si no perdonáis a los hombres sus ofensas, tampoco vuestro Padre os perdonará vuestras ofensas (Mt. 6:14-15).

Obviamente, no queremos jugar con esa advertencia. Tenemos que ver el tema de perdonar a los demás como mandato, no como algo opcional. No podemos tomar a la ligera las directrices de Jesús de amar a nuestro prójimo: "Y como queréis que hagan los hombres con vosotros, así también haced vosotros con ellos" (Lc. 6:31). Se nos dice que tenemos que perdonar, perdonar y perdonar (Mt. 18:21-22).

Perdónese a usted mismo. Perdone a los demás. Eso le permitirá reconstruir los puentes rotos de la intimidad.

Intimidad espiritual

Podemos expresar la intimidad de muchas maneras. La mayoría de nosotros reconoce rápidamente la intimidad física y emocional —o la falta de ella— en nuestras relaciones, pero no somos igual de prestos a pensar y a hablar de la intimidad espiritual.

El escritor y teólogo Henri Nouwen, en su libro titulado *Lifesigns* [Señales de vida], afirma: "La vida, muerte y resurrección de Jesús nos manifiestan la intimidad plena de este abrazo divino. Él vivió nuestra vida, murió nuestra muerte y nos llevó a todos a su gloria. No hay sufrimiento que Él no haya sufrido en la agonía de Jesús en la cruz, no hay gozo humano que Jesús no haya celebrado en su resurrección a la nueva vida".

Nouwen cree que la intimidad con Jesús exige que seamos íntimos con los demás. "No podemos vivir una comunión íntima con Jesús sin ser enviados a nuestros hermanos y hermanas que pertenecen a esa misma humanidad que Jesús ha aceptado como suya. Por ende, la intimidad se manifiesta como solidaridad, y la solidaridad, como intimidad".[7]

Nouwen no es ingenuo. Él reconoce que generalmente somos un pueblo fragmentado. Pero nos reta a tener ojos y oídos nuevos para escuchar la verdad de nuestra unidad. Nos reta a ser un pueblo cuya oración sea más profunda, y por tanto, cuyo amor y aceptación sean más profundos. "Dios quiere abrirnos los ojos para que podamos ver que tenemos que estar juntos en la aceptación de su amor perfecto".[8]

Cuando considero la importancia de la intimidad, pienso en Hilda, la señora que descubrió que, aunque vivía con su esposo en la misma casa, llevaban vidas separadas. A pesar de que estaba evidentemente desanimada, dijo que era cristiana y que anhelaba intimidad con su esposo otra vez. Dijo que su esposo también era cristiano. Aunque no sabemos lo que les sucedió, podemos tener la confianza de que está orando por su matrimonio y está lista para conversar con fervor con su esposo acerca de abordar el tema de la distancia entre ellos. Está preparada para reenfocar su vida en su matrimonio, abandonar sus secretos y arriesgarse a acercarse a él. Ha asumido el compromiso de cubrir sus esfuerzos con oración, buscando a Dios para que primero cambie su corazón y luego el de su esposo.

La intimidad solo se puede crear cuando hemos rendido nuestro corazón a Jesús. Yo solía creer lo contrario. Pensaba que podía decidir ser más amoroso. Si practicaba miles de técnicas, tal vez podría ser un hombre perfectamente amoroso y tolerante.

Puesto que he tropezado con esas palabras y con esa actitud miles de veces, estoy listo para rendirme: voy a amar de verdad solo en la medida en que esté dispuesto a entregar mi corazón a la amorosa aceptación de Dios. Solo entonces encontraré la dulzura de la verdadera intimidad con los demás.

Cómo encontrar la fortaleza y la capacidad para cambiar

El cambio no es solo necesario para la vida. Es la vida.
ALVIN TOFFLER

Un viejo chiste: ¿Cuántos psicólogos se necesitan para cambiar una bombilla?
Respuesta: Uno solo, pero la bombilla se tiene que comprometer de verdad a cambiar.

A veces reflexiono en la magnitud de mi profesión. Algunos consideran que los psicólogos son confesores-sacerdotes, sanadores-médicos o magos. La verdad es que nuestra tarea puede ser sobrecogedora. Las personas acuden a nosotros porque se sienten heridas y quieren sentirse mejor. Nos buscan para encontrar respuestas. Temen que no podrán cambiar, que cambiarán muy drásticamente o que el precio del cambio será demasiado alto.

Cuando reflexiono en mi papel, pienso en los cambios que yo he experimentado desde que entré al campo de la psicología hace muchos años como un estudiante optimista, con sus ojos bien abiertos. ¡Cuánto deben haberse reído los psicólogos más experimentados de mi entusiasmo juvenil! ¡Deben haberse sonreído cuando yo anuncié con petulancia en mis grupos de la Unidad Psiquiátrica del *Providence Hospital* en Portland, Oregón, que podía tratar a cualquier persona y lograr buenos resultados!

Deben haberse echado para atrás diciendo: "Déjenlo tranquilo. Aprenderá con el tiempo".

¿Qué tan difícil podía ser el cambio?, reflexioné en aquel entonces. Si el paciente estaba dispuesto, la cura no podía estar muy lejos.

Aturdido con el poder que acompañaba a esa unidad, vestido con una bata blanca de laboratorio planchadita que me distanciaba de los pacientes, decidí que la maestría por la que estaba trabajando no sería suficiente. Quería capacitarme mejor para poder ser incluso más eficaz. La verdad es que probablemente quería más poder. Quería más pacientes, internos y personal que me buscaran a mí para encontrar respuestas. Quería que todo el mundo me llamara doctor Hawkins.

Por supuesto, los psicólogos de más experiencia que yo y los psiquiatras tenían razón. No podía tratar a todo el mundo en mis grupos y lograr buenos resultados siempre. Muchos de los que venían a verme a la unidad en medio de sus crisis se estabilizaban, pero volvían a la misma vida que habían dejado, y luego de vuelta a la unidad seis meses después, básicamente igualitos. Empecé a comprender la realidad.

Ahora, unos treinta años después, con miles de horas clínicas de experiencia, me siento menos aturdido y soy mucho más realista. El doctorado ha sido útil, pero no me ha proporcionado ninguna panacea para ayudar a las personas a pasar por la puerta del cambio. Mi trabajo da qué pensar. Todavía ofrezco esperanza, pero está muy sazonada con la razón. Entiendo que mis sugerencias e intervenciones solo pueden lograr una parte. El cielo ya no es el límite. Ahora, mis oraciones en silencio pidiendo ayuda son más comunes en la hora de tratamiento.

¿Qué he aprendido después de años de trabajar con almas angustiadas? ¿Qué he visto una y otra vez cuando he trabajado con parejas que, como observadores inútiles, siguen cometiendo error tras error? ¿Qué me ha enseñado el tiempo sobre la posibilidad del cambio?

Lo que he aprendido es lo siguiente: el cambio es mucho más difícil de lo que imaginamos. En gran medida, es porque lo que el yo o el ego pueden lograr es limitado. Más que un cambio cosmético y transitorio, necesitamos una transformación interior, y esa viene de rendir nuestro corazón a Jesucristo. Cuando nos entregamos al poder transformador de Cristo, todas las cosas son posibles.

El ego resistente

Hablar en contra del ego es casi blasfemo para un psicólogo. Después de todo, gran parte de nuestro trabajo tiene que ver con fortalecer los poderes del ego: ayudarlo a resolver problemas, tomar decisiones racionales y "madurar". Un ego fuerte es importantísimo para la integridad y el funcionamiento sano de una persona.

Sin embargo, surgen problemas cuando el ego se vuelve demasiado poderoso, como era el mío cuando era estudiante. Elegimos el sendero peligroso de construir un yo falso con mucha facilidad. Cuando eso sucede, comenzamos a creer que tenemos más poder del que realmente tenemos. Comenzamos a creer que somos más importantes de lo que realmente somos. Lamentablemente, cuanto más nos identificamos con ese falso yo —esas personas importantísimas y omniscientes—, mayores son nuestros problemas. Los reinos que edificamos para nosotros mismos nos aíslan de la oportunidad de cambiar de verdad.

Hace poco aconsejé a un hombre que perdió la paciencia por algo increíblemente insignificante: a su esposa se le quemó accidentalmente el filete que estaba cocinando. Él la regañó por "no saber cocinar como es debido". Esperaba un delicioso filete "vuelta y vuelta" y, cuando las cosas no salieron como había planeado, expresó su rabia brevemente pero de forma amedrentadora. Su esposa se asustó, se sintió herida y enojada con aquella explosión infantil.

Mientras los escuchaba a ambos, él mantuvo su postura rígida de que no debería tener que pedir disculpas.

—Me enojó. Eso es todo. No veo por qué tenga que pedir disculpas cuando ella fue la que quemó la carne. Además, todo terminó en unos cuantos minutos. No soy diferente de la mayoría de los hombres. Exploto y luego se me pasa. No quiero transmitir nada especial con eso. No quiero que ella se sienta mal. Tiene que olvidarse del asunto.

—Pero no parece que ella se haya olvidado —dije yo—. Ella tiene que vivir con los efectos de su enojo.

—Pues, así soy yo. No debería tener tanta importancia.

El hombre hizo una pausa por un momento, miró hacia abajo y dijo:

—Me imagino que no debería perder la paciencia, pero eso es lo que hacen los hombres. Todo el mundo en la fábrica habla como yo. Así son las cosas.

O sea que aquel hombre decidió vivir con un corazón endurecido. Parece tener una muy vaga idea de su petulancia. Parece que quiere un matrimonio mejor, siempre y cuando no tenga que cambiar. Ha aprendido a identificarse con su imagen de hombre de mal genio y tranquiliza su conciencia diciéndose que otros hombres se comportan igual que él.

En este ejemplo, hemos visto el lado oscuro del ego. Vemos su pequeñez y su enfoque egoísta de la vida. Sin embargo, todos nosotros nos podemos identificar con ese tipo de conducta.

Tal vez no "explotemos" como el hombre del filete quemado. Quizás respondamos de una manera pasivo-agresiva y nos neguemos a hablar. O tal vez salgamos de la habitación airados. En resumidas cuentas, nuestro ego está vivito y coleando, y es muy probable que sea responsable de los problemas en nuestras relaciones.

El ego no cede al cambio fácilmente. De hecho, a ese gobernante autoprotector y tiránico le resulta difícil abandonar el poder o someterse al cambio. Que el ego escuche la suave voz de la razón equivaldría a que un rey dejara su trono y permitiera que sus siervos reinaran.

Me acuerdo de las palabras de Pablo: "Y los que viven según la carne no pueden agradar a Dios" (Ro. 8:8).

La oruga

Me desconcierta mucho descubrir que las personas son inconstantes en el cambio. Yo me había preparado para hacer de partera de almas heridas que supuestamente deseaban una vida más sana. Estaba ansioso de saludar a las personas en la puerta de mi consultorio y me los imaginaba saliendo de ella con nuevas habilidades y nuevas actitudes. Me imaginaba que estarían dispuestas a hacer cualquier cosa para tener una vida más sana.

Lo que descubrí fue muy distinto de lo que había imaginado. Las personas anhelan una nueva vida desesperadamente, pero se aferran con tenacidad a su antigua vida. Dicen que desean renovación, pero ponen obstáculos si el precio parece demasiado alto. De repente, la antigua vida no parece tan mala, después de todo.

Algunos parecen creer que el cambio cosmético —como la operación del estómago para adelgazar— es una respuesta adecuada a los problemas conyugales. "¿*Cuánto tiempo* dice que debo acudir a consejería matrimonial?", preguntan sorprendidos cuando se enteran de que en una sola sesión no se pueden curar años de problemas. Los que quieren el cambio lo quieren rápido. Su impaciencia es otra versión de la obsesión estadounidense con la gratificación instantánea.

Sue Monk Kidd, en su apremiante libro titulado *When the Heart Waits* [Cuando el corazón espera], nos guía metafóricamente por los cambios en la vida de la oruga. Explica que la oruga se somete no solo a cambios cosméticos, sino a una transformación total. No es cuestión de ponerse color en las mejillas ni sombra en los ojos. Es un cambio total.

Consideremos a la oruga. Voluntariamente entra en el capullo, que es un lugar oscuro y solitario. Allí, durante el frío invierno, sucede algo más que un cambio. Ocurre la muerte. La oruga se somete a los elementos de la metamorfosis: una transformación radical. Pero antes, la vieja naturaleza debe morir. "De cierto, de cierto os digo, que si el grano de trigo no cae en la tierra y muere, queda solo..." (Jn. 12:24).

Kidd teje la historia de la oruga: de crisálida a mariposa. Comparte el valor de esa lección milagrosa de la naturaleza. Durante las largas y lentas noches de invierno, cuando parece que no sucede nada, cuando todo lo presente parece no tener vida, se produce el cambio. Así es la obra del Espíritu en nuestra naturaleza interior, sucede algo profundo, permanente y transformador. La transformación verdadera, profunda e interior no ocurre sin el tiempo y los ingredientes necesarios. Cualquier otra cosa conduce inevitablemente al desencanto.

Kidd escribe: "Las transformaciones solo se producen cuando tomamos el camino más largo, cuando estamos dispuestos a orar más y a andar por una ruta diferente, más larga, más difícil, más interna. Cuando usted espera, opta deliberadamente por tomar el camino largo, andar ocho manzanas en vez de cuatro, confiando en que hay un descubrimiento transformador que le espera en el camino".[1]

Las personas quieren tomar atajos en este proceso. Queremos un arte que nos cambie rápidamente.

Hace muchos años, yo criaba pollos. En un momento determinado, decidí incubar huevos y criar mis propios pollos. El proyecto fue muy emocionante. Me entusiasmé mucho durante las semanas de incubación. Me imaginé la vida embriónica dentro de los cascarones oscuros y sentí gran júbilo cuando la nueva vida comenzó a surgir.

De hecho, cuando empezaban a nacer los pollitos, me preocupaba tanto que no supieran romper el cascarón que decidí darles una ayudita. Agarré un cuchillo y quité el cascarón y la membrana tisular, y esperé que los pollitos salieran. Descubrí con horror que todos los pollitos murieron. Momentos antes, los diminutos piquitos habían tratado de salir al nuevo mundo pinchando el cascarón. Ahora, solo quedaban cuerpos húmedos sin vida.

Cuando me di cuenta de lo que había hecho, comencé a llorar. Había cuidado a los pollitos, desde su concepción hasta su nacimiento, para luego verlos morir como resultado de mi impaciencia. No fui lo bastante autodisciplinado para dejarlos terminar su proceso de transformación.

Henry David Thoreau, el caminante solitario estadounidense, considera la noción de la paciencia y el cambio verdadero. "Usted piensa que yo me estoy empobreciendo al retirarme de los hombres, pero en mi soledad, me he tejido una maraña sedosa o crisálida, y pronto surgirá una criatura más perfecta, como la ninfa".[2]

Rendición

Si escuchamos a Kidd, Thoreau y, por supuesto, las Escrituras, tenemos que lidiar con la idea de un cambio paciente y profundo. Si de verdad queremos llegar a ser personas diferentes, debemos primero invitar al Espíritu Santo a nuestra crisálida personal.

Sin embargo, por mucho que queramos cambiar y dejar de cometer esos temibles errores que dificultan nuestro matrimonio, la transformación no sucederá mientras nos aferremos a nuestra manera egocéntrica de hacer las cosas. Como terapeuta soy muy consciente de que lo que podemos cambiar es limitado.

Los que han tenido éxito en los programas de doce pasos le pueden decir que los momentos de paz de su alcoholismo, drogodependencia o codependencia vienen cuando someten su voluntad a su poder superior: Dios. Ellos saben que la clave es la capitulación.

El cambio se produce cuando abandonamos nuestra vida antigua —nuestros viejos caminos y conducta— y nos entregamos a la vida renovadora de Cristo. Cuando nos sometemos a su voluntad, nuestra voluntad se rehace. Eso conduce a un corazón transformado y a la capacidad de poner en práctica de verdad los cambios de los que hemos hablado en este libro.

Escuchemos a Kidd hablar del proceso de desistir.

> Tenemos dentro de nosotros un profundo anhelo de crecer y de llegar a ser nuevas criaturas, pero al mismo tiempo, con la misma fuerza, queremos permanecer iguales, hurgar en nuestros lugares seguros… es sumamente difícil cambiar de un enfoque centrado en el yo a un enfoque más centrado en Dios. Creo que hemos hecho mal al suponer que dicho movimiento radical se puede lograr con solo hacer una resolución y decir una o dos oraciones de renuncia. Desistir de algo no es un paso sino muchos. Es un proceso sinuoso y en espiral que sucede a niveles profundos. Y hemos de comenzar por el principio: confrontando nuestra ambivalencia.[3]

Pero ¿es nuestro deseo de cambiar tan potente como nuestra creencia egoísta en apoyarnos en nosotros mismos? ¡La rendición es muy contraria a la cultura estadounidense! "¿Desistir? ¡De ninguna manera! Pelearé con uñas y dientes, una y otra vez. No desisto. No me rindo".

¿No nos escucha cuando elevamos las voces en un cántico unificado? "Podemos ganar. Persistiremos. Nunca desistiremos. Triunfaremos y lo haremos solos". En medio de todas esas protestas, no estamos dispuestos a bajar la cabeza y, en una dulce rendición, pedir a Dios que sane nuestro corazón. Y Dios llora.

Richard Bode, en su libro titulado *First You Have to Row a Little Boat* [Primero tienes que remar una barca pequeña], comparte su batalla personal con la rendición y su posterior aceptación de la vida de la crisálida. Habla de hacer caso omiso a síntomas dolorosos en la esperanza de que su problema físico desapareciera.

"Había estado obligando a mis piernas a llevar mi cuerpo en una dirección por la que no quería ir, y ahora, que ya no podía llevar tan asombrosa carga, mi cadera derecha se había rebelado. Desperté de la anestesia [después de una cirugía] en un cuerpo de yeso que se extendía desde el pecho hasta los dedos de los pies".[4]

Su enfermera lo ayudaba con los aspectos físicos y emocionales de su terrible experiencia. "Y bien, ahí está, sano y salvo dentro de su capullo —dice ella—. ¿Quién cree que será cuando salga?".

Atrapado en su mundo inmóvil, Bode no tuvo otra opción más que reflexionar en su vida. A veces la vida —tal como se revela mediante las fuerzas que Dios ha establecido— nos obliga a rendirnos a pesar de nuestra voluntad.

Bode escribe: "Día tras día, mientras me encontraba acostado en mi quietud obligada, pensé profundamente en quién era, de dónde venía y lo que quería ser. Lo que perdí en movimiento físico lo gané en discernimiento, que es un movimiento de otro tipo. Aprendí que la vida interior era tan gratificante como la exterior y que mis momentos de mayor riqueza sucedían cuando yo estaba absolutamente quieto".[5]

Un cambio de adentro hacia afuera

La historia de la trayectoria de la oruga tiene muchas aplicaciones. Tal vez la más asombrosa es cuando la oruga, lista para ser transformada de adentro hacia afuera, rinde su vida al alcance oscuro y solitario de la crisálida.

Por otro lado, la mayoría de nosotros quiere ser transformado de afuera hacia adentro. O bien queremos cambios cosméticos para remediar nuestros problemas, o peor aún, queremos que nuestro entorno cambie para nosotros sentirnos mejor.

Gilberto es un cliente bastante típico. Alcohólico de mediana edad, propenso a la recaída, estaba atascado en la infelicidad de su matrimonio y su empleo. No era de sorprender que se sintiera infeliz. Cuando vino a consultarme, estaba lleno de ira y resentimiento. Creía que la respuesta era que su esposa, con quien había estado casado veinte años, cambiara. Ella lo había dejado hacía poco y estaba deliberando si la separación debía o no ser permanente. Según Gilberto, ella insistía en que él recibiera tratamiento antes de que ella regresara al hogar.

Uno pensaría que Gilberto se rendiría rápidamente y buscaría tratamiento en esas circunstancias, pero su voluntad era formidable, a pesar de lo absurdo de su razonamiento. Durante las primeras sesiones, Gilberto dijo claramente que no veía la razón para alterar su conducta. Él quería convertir a su esposa en la madre amorosa y que lo idolatraba, que nunca tuvo. Quería que ella lo aceptara tal como era. Insistía en que solo volvía a la bebida excesiva cada seis meses o algo así. ¿Cuál era el problema? De hecho, le echaba la culpa a ella por la mayoría de sus problemas, razonaba de manera creativa y restaba importancia a su papel en aquellos asuntos.

Aunque me sentía animado porque Gilberto había aceptado acudir a consejería, en realidad no tenía deseos de cambiar de adentro hacia afuera. Esperaba que si ofrecía a su esposa la promesa de que dejaría de beber en exceso, ella regresaría. Le había enviado una tarjeta en la que le decía lo mucho que la amaba. Pensó que si le ofrecía unas migajas, a ella le sabrían a comida *gourmet*.

Pero su esposa era muy lista. Había pasado por esa situación muchas veces. Insistió en que él se sometiera a un tratamiento y cambiara el estilo de vida que estaba contribuyendo a sus recaídas. Mientras, él quería que ella se conformara con logros a medias.

Yo ya no soy principiante. No tengo la cura para todo. Entiendo que Gilberto permanecerá en su situación hasta que comprenda que los cambios egoístas y superficiales no le van a devolver a su esposa ni tampoco abordarán su problema con el alcohol.

Es intrigante observar la especialidad de la cirugía cosmética, la cual los estadounidenses respaldamos porque gastamos millones de dólares todos los años para reforzar las apariencias externas.

Por supuesto, nuestro verdadero deseo es mejorar de alguna forma nuestra baja autoestima. Debo admitir que me veo tentado por los atractivos anuncios que tratan de vender una "figura hermosa". Las patas de gallo no tienen cabida en la comisura de mis ojos. He leído que hay maneras fantásticas de quitarse diez años de encima con un cortecito por aquí y otro por allá. Y si la cirugía no es lo suyo, puede elegir entre una variedad de cremas faciales, aceites para el cuerpo, tratamientos faciales con rayo láser y eliminación del vello, y no olvidemos lo mejor: tratamientos de *spa* que le garantizan que se va a sentir joven otra vez. Claro, como ya paso los cincuenta, lo noto.

No es que me oponga categóricamente a esos tratamientos. Mi única esperanza es que pongamos estas cosas en la perspectiva correcta. Eliminar las líneas y las arrugas no lo van a sanar ni tampoco borrarán los errores que está cometiendo en su matrimonio. Una nariz más derecha o una barbilla más firme no van a cambiar la forma en que usted le habla a su esposo cuando él la molesta. Esos cambios deben hacerse de adentro hacia afuera. Exigen que usted corrija su manera de ser.

Sin embargo, tenemos sentimientos ambivalentes cuando se trata de hacer cambios de adentro hacia afuera. No solo somos ambivalentes respecto a la rendición, sino que somos ambivalentes cuando se trata de hacernos responsables de nuestros errores. Como el paciente que tuvo una rabieta porque la esposa coció el filete más de la cuenta y luego se negó a humillarse y admitir su culpa, la mayoría de nosotros solo ofrece disculpas tibias, en el mejor de los casos. Ofrecemos excusas por nuestra conducta; racionalizamos, restamos importancia y justificamos nuestras acciones. Cualquier cosa que impida que nos sintamos mal. Luego apretamos los dientes y esperamos que nuestro cónyuge llegue con una ramita de olivo antes de admitir error alguno.

Para que ocurra un cambio significativo, debemos ablandar nuestros corazones. Y para que eso ocurra, debemos estar dispuestos a dejar que Dios obre en nosotros de adentro hacia afuera.

Pablo dice a los corintios: "Ahora me gozo, no porque hayáis sido contristados, sino porque fuisteis contristados para arrepentimiento..." (2 Co. 7:9).

Ahí está la belleza del evangelio en acción: la tristeza que lleva al arrepentimiento. Una tristeza que viene de devorar la Palabra viva que es más eficaz que una espada de dos filos (He. 4:12). Una tristeza que viene de un corazón tocado por el Espíritu Santo que mora en el creyente. Es así como sucede el cambio verdadero. Nada cosmético será eficaz. Nada superficial dará como resultado un cambio importante. La tristeza lleva a una persona a dar un giro de ciento ochenta grados y a moverse en una dirección completamente nueva.

El arrepentimiento

Arrepentimiento no es una palabra que usemos todos los días, pero es una palabra importante. El arrepentimiento tiene que ver con cambio de adentro hacia afuera.

Un cambio de oruga a crisálida y a mariposa.

Un cambio del corazón.

La palabra griega para arrepentimiento es *metanoeo*, que literalmente significa "cambio de mente y de propósito en la vida, por el cual se promete la remisión de los pecados".[6] Por eso, arrepentirse de los errores de los que hemos hablado en este libro significa no solo evitar las conductas superficiales que llevan a los errores, sino también preocuparse por las actitudes del corazón que dan paso a nuevas conductas. El arrepentimiento equivale a cirugía del corazón.

¿Cuáles son las cualidades del corazón arrepentido?

- El corazón arrepentido siente una tristeza santa y entiende la maldad de nuestra conducta.
- El corazón arrepentido entiende que lo que ha hecho mal es contra Dios y contra los demás. Entristecemos a Dios cuando violamos sus normas.
- El corazón arrepentido es humilde, reconoce que no somos mejores que los demás y que sí somos tan propensos como los demás a cometer errores.
- El corazón arrepentido perdona, entiende que nosotros también somos capaces de cometer actos dolorosos y necesitamos perdón.

- El corazón arrepentido asume la responsabilidad total de nuestra parte en lo que hemos hecho mal. Consideramos cómo nuestras acciones han herido a los demás.

- El corazón arrepentido está dispuesto a dar los pasos que sean necesarios para remediar el daño causado. Buscaremos formas de hacer las paces en la relación quebrantada.

- El corazón arrepentido protege al corazón en el futuro, reduciendo al mínimo el riesgo de cometer el mismo error.

- El corazón arrepentido está dispuesto a rendir cuentas para producir un cambio correctivo. Mantenemos nuestra vida como un "libro abierto" para que los demás puedan verla y ver nuestras acciones.

- El corazón arrepentido es un corazón conciliador, listo para establecer la paz de nuevo. Somos prestos a ofrecer paz y reconciliación.

Después de la cirugía del corazón, por fortuna el perdón está disponible para todos. Al esforzarnos por vivir en paz, nos damos cuenta de que cometeremos errores. Pero con confesión y arrepentimiento, dicen las Escrituras, los que anhelan la paz de Cristo en su corazón no sufren condena (Ro. 8:33-34).

Nueve errores graves

Tal como he ilustrado en este libro, los *errores* son distintos de los *errores graves*. Todas las parejas cometen errores ordinarios que tienen poco impacto en la integridad del matrimonio. Sin embargo, debemos preocuparnos por los que desgarran la estructura de la relación. A menos que usted aborde y corrija esos errores, su matrimonio tendrá muchos problemas.

Resumamos de nuevo los errores que hemos estudiado en este libro y veamos cómo rendirse al poder transformador de Dios nos puede ayudar a resolverlos.

- *Deje de accionar el detonador.* Cuando estamos enojados, muchas veces llevamos las discusiones a un extremo y culpamos a otros. El corazón transformado no se enoja tan fácilmente porque no está tan apegado a los resultados. El fruto del corazón transformado es un amor que no busca lo suyo (1 Co. 13:5).

- *Bájese de esa nube.* En vez de evitar los problemas difíciles del matrimonio, el corazón transformado está dispuesto a hablar francamente con los demás. Animados por una estrecha relación con Cristo, podemos "decir la verdad en amor" y entender que la verdad nos hace libres. El salmista dice: "No encubrí tu justicia dentro de mi corazón; he publicado tu fidelidad y tu salvación. No oculté tu misericordia y tu verdad en grande asamblea" (Sal. 40:10).

- *Deje de hablar en chino.* En vez de usar un lenguaje oscuro y que distrae la atención como forma de evitar abordar los verdaderos problemas, el corazón transformado está dispuesto a participar en una conversación franca. Aprendemos la importancia de pedir lo que necesitamos y expresar nuestros sentimientos abierta y honestamente.

- *Deje de querer ocupar el lugar de Dios.* No ayuda dogmatizar, predicar, poner nombres o decirle a su pareja cómo son las cosas o lo que tiene que hacer. De hecho, criticar o hacer las veces de padre o madre con la pareja solo crea resentimiento. El corazón transformado es un corazón humilde. Sabiendo que todos somos pecadores, aceptamos que no tenemos derecho a sermonear a los demás.

- *Llover sobre mojado.* Volver a sacar a relucir temas de los que hemos hablado una y otra vez solo crea hostilidad. El corazón transformado se niega a repasar los resentimientos o a hacer una tormenta en un vaso de agua. Más bien opta por olvidar viejas heridas y nos permite ver a nuestra pareja como la ve Dios: con ojos de amor.

- *Deje de vivir en las trincheras.* El corazón transformado suelta las cadenas de la rutina y la familiaridad. Como resultado de ello, optamos por defender a nuestros cónyuges. Practicamos ver lo mejor en nuestra pareja y la animamos a que sea lo que quiera ser. Entendemos la importancia de decir solo lo que es bueno y edificante (Ef. 4:29).

- *Deje de vivir con cercas de papel.* El corazón transformado conoce la importancia de la individualidad en el matrimonio y aprende a edificar límites firmes y adecuados. Eso incluye una clara definición de lo que vamos y no vamos a tolerar.
- *Deje de usar esa lengua indómita.* Las palabras amargas y airadas no tienen cabida en una relación. El corazón transformado entiende el efecto duradero que las palabras ásperas tienen en el matrimonio y sabe cómo poner límites a los intercambios mordaces.
- *Deje de ser distante.* El corazón transformado está dispuesto a permitirnos acercarnos a nuestro cónyuge. Estamos dispuestos a explorar maneras de practicar el fino arte de la intimidad. Podemos dar un paso al frente y ser vulnerables.

El corazón transformado conoce las limitaciones de lo que podemos cambiar con nuestras propias fuerzas. Necesitamos que Dios arregle nuestro corazón porque el cambio de adentro hacia afuera es nuestra verdadera fuente de transformación y la más duradera.

Amor sacrificial

El amor exige cierta cantidad de sacrificio. De hecho, cuanto mayor sea el sacrificio, más profundo será el amor. Por otro lado, cuanto más intervenga el ego exigente, acaparador y manipulador, más complicada será su vida amorosa. Pero cuanto más damos de nosotros mismos, de nuestro *verdadero* yo, más experimentamos los deleites del amor. Daphne Rose Kingma, autora de *The Future of Love* [El futuro del amor], habla de la generosidad como ingrediente necesario en el amor sacrificial.

> Es dar sin ninguna motivación ulterior, sin esperar nada a cambio. Muchas veces pensamos que la generosidad es una consecuencia, que puesto que la vida o cierta persona han sido generosas con nosotros, podemos, a cambio, ser generosos. Puesto que nuestra propia copa está rebosando, podemos dar del excedente.

Por último, puesto que tenemos tanto, imaginamos que no nos hará daño dar. Pero la verdadera generosidad es dar simplemente todo el tiempo, como si fuéramos una fuente, un río, un mar, como si lo que tenemos que dar no tuviera fin, como si no tuviéramos nada que considerar excepto el dar en sí.[7]

Kingma prosigue describiendo cómo funciona la mayoría de las relaciones: tú me das y luego yo te doy. Esto por aquello. Tú me perdonas y luego, tal vez, yo te perdone. Si eres grosero conmigo, seré grosero contigo. Pero en el nuevo paradigma, en el ejemplo del amor sacrificial, la mayoría de nosotros comprende de qué se trata, pero tiene temor a ello, "podemos ser generosos porque sabemos que no hay necesidades insaciables y que no hay nada que proteger... Podemos dar no solo nuestras posesiones materiales, sino nuestras palabras, nuestro cuerpo, nuestro discernimiento, nuestro tiempo, nuestro dinero, nuestra empatía, nuestro oído y nuestra compasión".[8]

Si este consejo le suena perturbador, bienvenido al club. Muchas veces vivimos en un mundo en el que damos por algo a cambio. Es cierto que aspiro a cosas mayores, pero a menudo no las logro. Reconozco mi dilema. Estoy viviendo con una perspectiva natural en vez de una perspectiva de un corazón transformado. Sucumbo fácilmente a esa perspectiva que dice que tengo que ganar para lograr más, que tengo que ser primero para no salir perdiendo. Caigo muy pronto en la creencia de que siempre tengo que protegerme de que me hieran en vez de perder mi vida por el bien de los demás. El mundo del corazón transformado es un poquito arriesgado.

El apóstol Pablo es un maestro superior en lo que respecta al amor generoso. En 2 Corintios 9:6-7, Pablo nos instruye: "...El que siembra escasamente, también segará escasamente; y el que siembra generosamente, generosamente también segará. Cada uno dé como propuso en su corazón: no con tristeza, ni por necesidad, porque Dios ama al dador alegre". A pesar de que este pasaje se refiere a cosas materiales, se aplica también a los actos generosos de amor.

Las numerosas cartas de Pablo implican claramente que hemos de amar a los demás con libertad y abundancia porque Dios nos ama.

John Piper, en su libro *Sed de Dios*, dice: "El amor es la abundancia del gozo en Dios que satisface con gusto las necesidades de los demás. Es el impulso para que la fuente se desborde. Tiene su origen en la gracia de Dios, la cual sobreabunda libremente porque se deleita en llenar el vacío. El amor comparte la naturaleza de esa gracia porque también se deleita en sobreabundar libremente para satisfacer las necesidades de los demás".[9]

Piper reta al cristiano tibio. El amor no es barato ni fácil. Ni debe serlo. No se basa en si tengo ganas o no de comportarme de una manera amorosa. Más bien Piper nos dice: "El amor es costoso. Siempre implica algo de negación propia. A menudo exige sufrimiento… La mayor obra de amor que sucedió fue posible porque Jesús procuró el mayor gozo imaginable de todos, a saber, el gozo de ser exaltado a la diestra de Dios en la asamblea del pueblo redimido".[10]

Tanto Jesús como Pablo nos dirían lo mismo: hemos de amar libremente porque nos han amado libremente. Hemos de dejar que las verdades del amor de Dios se asienten en las partes más profundas de nuestro ser para que la gracia que hemos recibido se derrame desde nuestro interior como una fuente rebosante que no puede evitar dejar salir más amor. Transformados, como la oruga, de adentro hacia afuera, nos convertimos en nuevas criaturas que encuentran gozo cuando dan gozo a los demás.

Entonces, ¿qué hacemos con los errores graves? ¿Los impedirá el corazón transformado? No. Siempre seremos humanos. Pero cometeremos menos errores y cuando cometamos errores, lo lamentaremos y los corregiremos pronto. Los corazones transformados que tienen características de generosidad, humildad, paz y amor gobiernan nuestra vida y nuestro matrimonio. Esas cualidades nos transforman a nosotros y cambian nuestras relaciones con los demás.

Acepte el reto

Ha llegado el momento de que usted tome lo que ha aprendido de este libro y lo aplique a su matrimonio y a otras relaciones. Necesitará todas sus habilidades, su tenacidad, su fortaleza interior y, lo que es más importante, el poder abrasador que da el Espíritu Santo.

No puede triunfar solo. Por muy difícil que sea aceptarlo, no puede triunfar solo con sus propias fuerzas y capacidad, independientemente de su nivel de formación académica o años de matrimonio o buenas intenciones. No hay atajos. Necesita todas las habilidades que le ofrece este libro, así como el poder transformador de Jesús. Con eso, todo es posible.

Y más que nada, primero necesitamos el fuego de la pasión y el fuego del Espíritu Santo para que nos coloque en la senda que lleva a un cambio significativo. Por tanto, mientras avanza en su matrimonio…

¡Acepte el reto!

Notas

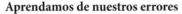

Aprendamos de nuestros errores

1. Charles Manz, *The Power of Failure* [El poder del fracaso], (San Francisco: Berrett-Koehler Publishers, Inc., 2002), p. 78.

Capítulo 1: Deje de accionar el detonador

1. Harville Hendrix, *Conseguir el amor de su vida* (Barcelona, España: Ediciones Obelisco, 1997).

2. James Creighton, *How Loving Couples Fight* [*Claves para pelearse sin romper la pareja*], (Fairfield, CN: Aslan Publishing, 1990), p. 43. Publicado en español por editorial Longseller.

3. James Creighton, *Don't Go Away Mad* [No se vaya enojado], (Nueva York: Doubleday, 1989), p. 143.

4. Creighton, *How Loving Couples Fight*, p. 236.

Capítulo 2: Bájese de esa nube

1. Sam Keen, *To Love and Be Loved* [*Amar y ser amado*], (Nueva York: Bantam Books, 1997), p. 132. Publicado en español por Ediciones Urano.

2. Sharon Wegscheider-Cruse, *Coupleship* [El mundo de las parejas], (Deerfield Beach, FL: Health Communications, Inc., 1988), pp. 11-12.

3. Harriet Lerner, *The Dance of Anger* [*La danza de la ira*], (Nueva York: HarperCollins, 1985), p. 97. Publicado en español por HarperCollins.

4. Barbara Sher, *It's Only Too Late If You Don't Start Now* [Solo es demasiado tarde si no empiezas ahora], (Nueva York: Dell Publishing, 1998), p. 131.

5. Harriet Goldhor Lerner, *The Dance of Intimacy* [El baile de la intimidad], (Nueva York, Harper & Row Publishers, 1989), p. 126.

Capítulo 3: Deje de hablar en chino

1. Susan Heitler y Abigail Hirsch, *The Power of Two Workbook* [El poder de dos, manual], (Oakland: New Harbinger Publications, 2003), p. 47.

2. George Bach y Ronald Deutsch, *Stop! You're Driving Me Crazy* [¡Un momento! Me estás volviendo loco], (Nueva York: Berkeley Publishing Group, 1985).

3. John Bradshaw, *Bradshaw On The Family* [Bradshaw y el tema de la familia], (Deerfield Beach, FL: Health Communications, 1988), p. 171.

4. Don Miguel Ruiz, *The Four Agreements* [*Los cuatro acuerdos*], (San Rafael, CA: Amber-Allen Publishing, 1997), p. 26. Publicado en español por Amber-Allen Publishing.

5. Scott Peck, *The Road Less Traveled* [El camino menos transitado], (Nueva York: Simon and Schuster, 1978), pp. 151-3.

6. *Ibíd.*, p. 71.

Capítulo 4: Deje de querer ocupar el lugar de Dios

1. John Gottman, *The Seven Principles for Making Marriage Work* [Siete principios para que un matrimonio funcione], (Nueva York: Three Rivers Press, 1999), p. 27.

2. *Ibíd.*, p. 29.

3. Carmen Renee Berry y Tamara Traeder, *Girlfriends* [Amigas], (Berkeley, CA: Wildcat Canyon Press, 1995), p. 183.

4. Harriet Goldhor Lerner, *The Dance of Intimacy* [El baile de la intimidad], (Nueva York: Harper & Row Publishers, 1989), p. 102.

5. Stephanie Dowrick, *Forgiveness and Other Acts of Love* [*El perdón y otros actos de amor*], (Nueva York: W.W. Norton & Company, 1997), p. 252. Publicado en español por Edaf S. A.

6. Scott Peck, *The Road Less Traveled* [El camino menos transitado], (Nueva York: Simon and Schuster, 1978), pp. 160-1.

7. Kahlil Gibran, *The Prophet* [El profeta], (Nueva York: Alfred A. Knopf, 1955), pp. 15-16.

8. Peck, *The Road Less Traveled*, p. 168.

9. Anthony Storr, *Solitude* [*Soledad*], (Nueva York: Ballantine Books, 1988), p. 62. Publicado en español por Editorial Debate.

Capítulo 5: Llueve sobre mojado

1. Robert Wicks, *Touching the Holy* [Tocar al Santo], (Notre Dame: Ave Maria Press, 1992), p. 130.

2. David Augsburger, *Caring Enough to Forgive* [Suficiente amor para perdonar], (Ventura, CA: Regal Books, 1981), p. 51.

3. Marshall Rosenberg, *Nonviolent Communication* [*Comunicación no violenta*], (Encinitas, CA: PuddleDancer Press, 2003), p. 145. Publicado en español por Gran Aldea Editores.

4. *Ibíd.*, p. 143.

5. Augsburger, *Caring Enough to Forgive*, p. 52.

6. Brennan Manning, *The Ragamuffin Gospel* [*El evangelio de los andrajosos*], (Sisters, OR: Multnomah Press, 1990), p. 182. Publicado en español por Casa Creación.

Capítulo 6: Deje de vivir en las trincheras

1. Rosamund Stone Zander y Benjamin Zander, *The Art of Possibility* [El arte de la posibilidad], (Boston: Harvard Business School Press, 1994), pp. 31-32.
2. *Ibíd.*, p. 26.
3. Les Parrott y Leslie Parrott, *When Bad Things Happen to Good Marriages* [*Cuando pasan cosas malas en matrimonios buenos*], (Grand Rapids, MI: Zondervan Publishing House, 2001), p. 79. Publicado en español por Editorial Vida.
4. Gary Smalley y John Trent, *The Blessing* [*La bendición*], (Nueva York: Pocket Books, 1986), p. 24. Publicado en español por Grupo Nelson.

Capítulo 7: Deje de vivir con cercas de papel

1. David Hawkins, *When Pleasing Others Is Hurting You* [*Cuando complacer a otros le hace daño*], (Eugene, OR: Harvest House Publishers, 2004), p. 20. Publicado en español por Editorial Portavoz.
2. Henry Cloud y John Townsend, *Boundaries* [*Límites*], (Grand Rapids: Zondervan Publishing House, 1992), p. 150. Publicado en español por Editorial Vida.
3. Henry Cloud y John Townsend, *Boundaries in Marriage* [*Límites en el matrimonio*], (Grand Rapids: Zondervan Publishing House, 1999), p. 32. Publicado en español por Editorial Vida.
4. *Ibíd.*

Capítulo 8: Deje de usar esa lengua indómita

1. Clifton Fadiman, ed., *The Little, Brown Book of Anecdotes* [El librito marrón de las anécdotas], (Nueva York: Little, Brown & Company, 1985), p. 362.
2. John Gottman, *The Seven Principles for Making Marriage Work* [Siete principios para que un matrimonio funcione], (Nueva York: Three Rivers Press, 1999), p. 65.
3. Les Parrott y Leslie Parrott, *When Bad Things Happen to Good Marriages* [*Cuando pasan cosas malas en matrimonios buenos*], (Grand Rapids, MI: Zondervan Publishing House, 2001), p. 161. Publicado en español por Editorial Vida.

4. Emmett Fox, *The Sermon on the Mount* [*El Sermón del Monte*], (Nueva York: Harper & Brother Publishers, 1934), p. 22. Publicado en español por Serapis Bey Editores S. A.

Capítulo 9: Deje de ser distante

1. Janet Woititz, *Struggle for Intimacy* [La lucha por la intimidad], (Pompano Beach, FL: Health Communications, Inc., 1985), pp. 20-21.

2. Jane Hansen, *Fashioned for Intimacy* [*Diseñada para la intimidad*], (Nueva York: Regal Books, 1997), pp. 52-53. Publicado en español por Editorial Unilit.

3. *Ibíd.*, p. 54.

4. Harriet Goldhor Lerner, *The Dance of Intimacy* [El baile de la intimidad], (Nueva York: Harper & Row Publishers, 1989), p. 54.

5. Alexandra Stoddard, *Living in Love* [Cómo vivir enamorados], (Nueva York: William Morrow & Company, 1997), p. 228.

6. *Ibíd.*, p. 229.

7. Henri Nouwen, *Lifesigns* [Señales de vida], (Nueva York: Doubleday, 1986), p. 44.

8. *Ibíd.*, p. 46.

Cómo encontrar la fortaleza y la capacidad para cambiar

1. Sue Monk Kidd, *When the Heart Waits* [Cuando el corazón espera], (San Francisco: HarperSanFrancisco, 1990), p. 19.

2. Citado por Robert Bly, *The Winged Life: The Poetic Voice of Henry David Thoreau* [La vida con alas: la poética voz de Henry David Thoreau], (San Francisco: Sierra Club Books, 1986), p. 58.

3. Kidd, *When the Heart Waits*, p. 102.

4. Richard Bode, *First You Have to Row a Little Boat* [Primero tienes que remar una barca pequeña], (Nueva York: Warner Books, 1993), p. 78.

5. *Ibíd.*, p. 79.

6. *Easton's 1897 Bible Dictionary* [Diccionario bíblico de Easton 1897]. Acceso en línea en http://www.dictionary.com.

7. Daphne Rose Kingma, *The Future of Love* [El futuro del amor], (Nueva York: Doubleday, 1998), p. 173.

8. *Ibíd.*

9. John Piper, *Desiring God* [Sed de Dios], (Sisters, OR: Multnomah Publishing, 1986), p. 123. Publicado en español por Publicaciones Andamio.

10. *Ibíd.*, p. 132.

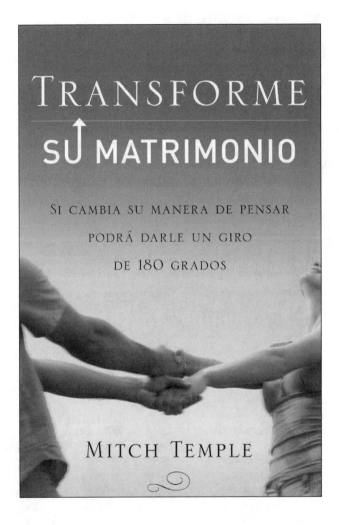

TRANSFORME

SU MATRIMONIO

SI CAMBIA SU MANERA DE PENSAR

PODRÁ DARLE UN GIRO

DE 180 GRADOS

MITCH TEMPLE

¿Qué pasaría si usted estuviera sentado en una habitación con parejas que tienen problemas, y usted y su cónyuge fueran una de ellas? ¿Qué haría falta para transformar por completo su matrimonio en un período corto de tiempo? Mitch Temple dice que se necesita un cambio de mente, de corazón, y de práctica, todo lo cual puede hacerse por dos personas dispuestas a desechar los viejos mitos y abrazar la nueva verdad.

ISBN: 978-0-8254-1796-2

Disponible en su librería cristiana favorita o en www.portavoz.com

La editorial de su confianza

AUTOR DE MÁS VENTA DE *LOS CINCO LENGUAJES DEL AMOR*

matrimonio
que *siempre* ha deseado

Dr. Gary Chapman

El mensaje central del libro es: Para disfrutar "el matrimonio que siempre ha deseado", tiene que primero ser la persona que Jesús siempre ha deseado que sea. Trata entre otros los temas de la comunicación, las expectativas y el reto de cómo manejar el dinero. Este libro es continuación de *Los cinco lenguajes de amor.*

ISBN: 978-0-8254-0504-4

¿Yo? ¿Obedecer a mi marido?

La esposa obediente y el camino de Dios para la felicidad y la bendición en el hogar

ELIZABETH RICE HANDFORD

¡Un gran éxito de ventas! Este libro para mujeres trata bíblicamente lo que significa ser una esposa obediente. La autora presenta la enseñanza bíblica respecto al papel de la esposa en el matrimonio. Enseña el camino de Dios para la felicidad y la bendición en el hogar.

ISBN: 978-0-8254-0509-9

Disponible en su librería cristiana favorita o en www.portavoz.com

La editorial de su confianza